居家風水
一本通

i室設圈｜漂亮家居編輯部 著

目錄 Contents

圖片提供／構設計

圖片提供／寬象空間設計

1

化解風水問題之前，
你必須知道的觀念

解開風水禁忌前，提供你對於風水該有的正確觀念，同時也釐清現代住宅中暗藏的 NG 風水，並說明容易忽略的風水小細節為何，只要稍加注意就能避開衰運、迎來好運。

PART 1　面對現代住宅，你該有的 10 個風水觀念

觀念 **理解什麼是風水**

「風水」在中國的文化中，至少已有二千多年的歷史。文獻記載最早的是南北朝時代，由郭璞所著的《葬經》。文中提到：「氣乘風則散，界水則止。古人聚之使不散，行之使有止，故謂之風水。」這應該就是「風水」一詞的最早由來。其中所說的「氣」，與中醫經脈中所說的「氣」，以及武術氣功裡講的「氣」都是理論中的精髓，也是最讓人難以瞭解的原因。「風水」簡單來說，就是一套告訴我們如何選擇居住地點、如何與大自然的環境共生共存、如何趨吉避凶、如何讓日常生活過得安全健康，同時又可聚得資糧、財富的方法。

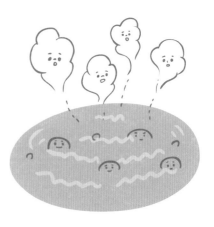

插畫／張小倫

觀念 2

古代流傳下來的風水法則未必一定對

風水會因時代、建材和自然環境的不同，而有不同的結果。例如「書桌、床頭不可背窗」這項法則，已不適合現代的風水。因古代窗戶都是木造、紙糊的，容易漏風；書桌放在窗戶前，背靠窗戶坐著看書，只要有風、一定會吹到人的頭部、肩膀，在這種情況下任何人都會頭痛、感冒。但是現代的窗戶大都採用鋁框、強化玻璃，隔音、隔熱、阻風效果非常好，比木板隔牆還要堅固。如果窗戶前正好是最好的文昌吉氣方位，不用反而可惜了。

插畫／張小倫

 觀念 3

相同的風水布局並非人人適用

中國人對自己周邊的人向來是熱情的，好的東西，一定要跟好朋友分享，這種行為出發點是好的；但用在風水、醫學、命理上，就不是件好事了。好比艮命卦的人，家中大門開在西方，這樣的狀況，對他的人際關係大有幫助。但是對命卦震卦的人而言，大門開在西方，那可是件壞事了。

插畫／張小倫

觀念 4 居家風水崇尚自然且自在原則

風水主要是在教人類如何與大自然共存、如何趨吉避凶，如何選擇適合自己居住、安家立戶的方法。目的在解決、規範人類日常生活上各層面的學問，最基本原則就是合理性與實用性。崇尚的是自然且自在的生活法則，最怕的就是趕時髦跟流行，安置魚缸、掛風鈴、放水晶洞……等。

插畫／張小倫

觀念 5 宜解開不宜結

風水上最怕鬥法、玩陰的；經常看到有人在門頭貼張符，逼得對門也趕緊在大門上貼張符，或掛八卦鏡。如此弄得雙方看到對門門頭，心裡就不舒服，從此傷了和氣，白眼相向，互不來往，何苦呢！

插畫／張小倫

觀念 6 風水布局不露痕

好的風水布局，是不露痕跡，一切取法自然，讓人看不出是經過布局的，效果最好。如果是任何人看了，都知道是特意安排的風水局，那效果就大打折扣，更糟的是逢人便說，那就破局了。

插畫／張小倫

觀念 7 以現代流通的銅板即可制煞生財

「五帝錢」是清朝順治、康熙、雍正、乾隆、嘉慶，五位帝王時代通用的錢幣。真的「五帝錢」若用法正確，的確能聚財、制煞。但市面上的「五帝錢」幾乎都是贗品，很容易花了大錢卻受騙上當。其實，不用迷信「五帝錢」，現代的流通銅板雖然沒有制煞的力量，卻一樣有聚財的效果。但要選用經過很多人使用過的銅板，從銀行領出全新的銅板果不佳。

插畫／張小倫

11

觀念 8　風生、水起，好運來？

「風生水起」此一名詞，在風水上是嚴重的錯誤。所謂：「氣乘風則散，界水則止。」說明藏風聚氣的重要。當風動產生、氣必散、財自然不聚。當水氣升起、空中濕度變大，各種菌類、塵蟎，大量滋生，食品、衣物容易發霉、腐破，在此環境中生活，人豈能不生病，不破財！

插畫／張小倫

觀念 9　用風鈴會招來孤魂野鬼

風鈴原本是掛在寺廟的四隅、隨風響鈴；作用是用鈴聲招引周遭孤魂野鬼，來寺廟聽經、接受超渡。另外一種場也會用到風鈴：就是在人發生意外身亡，請道士引靈回家時，一定會用到幡旗銅鈴。如果在大門把手上、窗戶台上吊上一串風鈴，易引來孤魂野鬼，等是給自己找麻煩！

插畫／張小倫

觀念 10 路沖！安個八掛凸鏡，反而將煞氣被吸納進屋內

八掛凸鏡原本是用於寺廟屋頂脊柱正中，作用是在吸納四方信眾。略懂物理學的人應該知道，凸面鏡的光束，集中在鏡面後方；四周景物成正像於鏡中（虛像形成在鏡子後面）。一般馬路轉彎處設大凸面鏡，就是利用它能產生寬闊視角的特性，以達到道路安全的作用。如果用在風水上，煞氣非但沒有反射回去，反而被吸納射進了房內。更慘的是原本不相干的凶煞，因凸面鏡的廣角特性，全都含蓋住、射進了屋內。遇到大門正對馬路，如果空間夠，只要在門前放一排220公分高的樹就可以化解了。

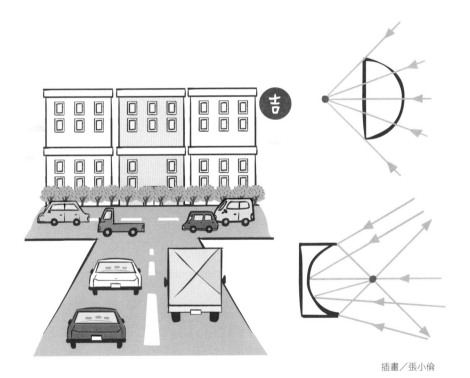

插畫／張小倫

13

PART 2 現代住宅暗藏的 10 大 NG 風水

NG 1 大門前堆放雜物

大門位置是直接影響到全家財運、個人事業及官運。如果大門前堆放了一堆雜物、鞋子、掃帚、拖把……等，不只是客人不想進去，喜神、財神看到了一定也不願進入，而調頭離去。財神喜歡到潔淨、明亮、清香的地方；汙穢、昏暗、惡臭的地方只有窮鬼、衰神才會光臨。所以想要迎得財神光臨，乾淨是最基本的條件。大門內外保持乾淨整齊，此戶人家給人的印象，自然是勤奮、有禮、潔身自愛，做事謹慎不馬虎，讓人願意親近、交往，進而在人際關係上搶得了先機，當機會多了，好運必然也就跟著自動找上門。

插畫／張小倫

將大門做斜的

「斜門」與「邪門」音同,含有歪斜、不正的意思,在視覺上給人的感觀「不正常」,用在商業空間,或許能達到標新立異的效果,但是在一般住宅的室內裝修時,最好不要將大門改成斜的。如果基於客觀的內在經濟條件因素,不得不改成斜門;改成斜門後,不論好與壞,最好在三年內搬離。千萬別因狀況已大有改善而捨不得搬走。

插畫／張小倫

客廳亂七八糟

客廳如果是東西亂放、桌子上積滿灰塵、杯子、書報雜誌一堆，沙發上堆滿衣物，不用說也知道這戶人家沒有女主人，或是家人慵懶成性、各自為政、向心力差、幾乎沒有凝聚力；做事態度能推就推，不太願意承擔；對外孤立、不和諧，人際關係不良。宜保持整潔，給人勤奮、潔身自愛、做事謹慎不馬虎的印象外，好運也會跟著來。

插畫／張小倫

大門內正面有鏡子

鏡子對大門，所有門外景物、光線全部反射出去，不好的煞氣雖然是被反射掉，但是好的氣場也一併給反彈出去。大門玄關聚不了氣，錢財、好運自然就與屋內的人無緣了。若想要加設鏡子，建議可設置在大門打開後的那面牆上，不但可以作為穿衣鏡，亦可以擴大室內面積的視覺效果，同時還可以增加玄關區的亮度，達到加強聚氣的效果。

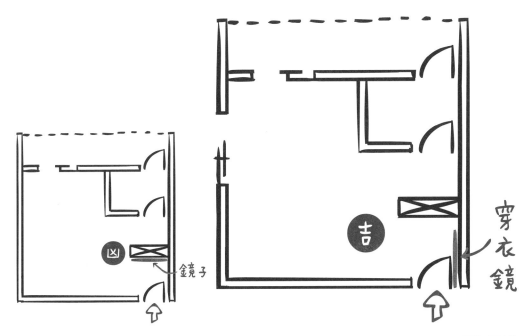

插畫／張小倫

四面無窗，不見陽光

任何居住空間都得要有充足的陽光、空氣及舒適的濕度。如果臥室沒有窗戶，一定得想辦法改變格局，打開一扇窗，引進自然光線，否則居住此房間的人，身體內分泌一定會失調，精神鬱悶，事業不順。記得窗戶與房門不在同一平面，空氣才能產生對流，可以使室內的空氣常保清新，使氣溫、濕度合宜，會使人頭腦清楚、心情開朗、精神愉快、做事效率提高。

插畫／張小倫

神明廳位置放在進門玄關的位置

神桌、祖先牌位應該是正對大門,各位倘若不信,請想想、天下大小廟宇道觀,所有神像都是面向大門。不可安在門邊,尤其是大門左邊,每次進出都會驚動到不可安在門邊,尤其是大門左邊,每次進出都會驚動到;若面向屋內,豈不是要祖先、神明閉門面牆。另外神桌絕對不可以放在進門玄關的位置,我們豈可神明當成看門狗,守護著大門,這是一種「大不敬」的行為。建議神桌宜設在公寓住宅的客廳,背靠牆、面向屋外,以能直接看到屋外為第一優先。但得注意不可直接對大門,否則易招口舌是非。

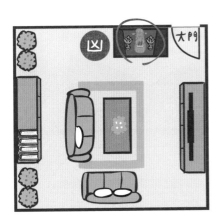

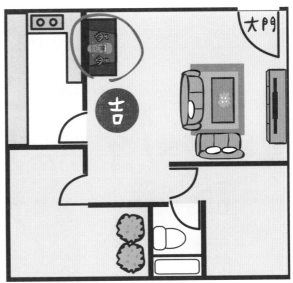

插畫/張小倫

擺置刀、劍

很多職業軍人退伍的人，或有蒐藏刀、劍嗜好的人，喜歡將刀、劍放在客廳裝飾。刀、劍原本就是凶器，除非屋主本身是高階軍職指揮官、司令等，才有能力制煞成吉，否則還是不要拿自己開玩笑。若真有想要掛一些裝飾，可依各人的職業、生肖，來選擇掛畫，可增加運勢及財富。

插畫／張小倫

臥室大於客廳

在一般人的日常生活中，客廳使用的功能最大，而臥室主要功能是睡覺，其次
是從事個人隱私活的空間。所以臥室不可大於客廳，否則個性會變得怪異，內
心深鎖，不易與人相處。

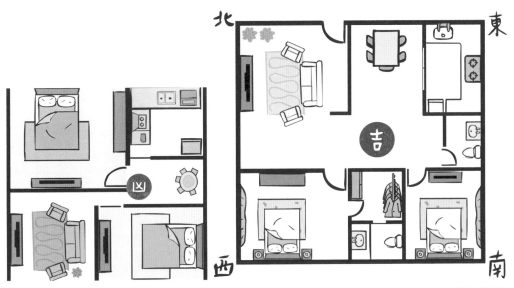

插畫／張小倫

白天窗簾緊閉

有些人重視隱私，不希望被外人窺看到屋內，因此即使白天也緊閉窗簾。但陽光被窗簾阻絕，紫外線、紅外線等無法照射室內，塵蟎、細菌會大量繁殖，呼吸系統首先受害。如果又窗戶緊閉不開，得到憂鬱症、肺病的機會接踵而來。建議白天空間就一定得明亮，窗簾千萬得拉開，最好能讓陽光直接照射得到屋內；像臥室明亮會讓人的情緒也跟著高興起來，對外人際關係會更好。

插畫／張小倫

NG 10　床前放置電視機、音響、手機

現代人的裝潢中，常常可見在臥室裡加裝電視的情況，建議最好不要這麼做，原因在於在鬆軟的床上，長期隨意的躺著，容易造成脊椎彎曲變形，且一打開電視熬夜觀看也容易造成隔天精神不濟。此外，如果睡覺時電源沒有拔除，電磁波會直接傷害頭腦。另外，現代人生活忙碌，常常在睡覺時仍然開著手機並且放在床頭，因手機在待機狀態仍會發出電磁波，如果睡覺時放在旁邊，人體長時間的連續接收電磁波，對健康非常不利。

插畫／張小倫

CHAPTER **2**

關於居家風水的
疑難雜症 60+

現代的住宅格局、形式，甚至觀念都跟過去不太一樣了，集結現今世代對於現代格局的風水疑慮，整理出超過 60 則以上的問題，以一問一答、搭配圖解易於理解的方式，教你如何化解風水風難題，藉由一點點的小改變，為自己也為家人帶來好運。

Q

A

PART 1 風水的基本知識

Q1 如何判斷自己家房子的方位和座向？要用什麼儀器嗎？

Ⓐ 陽宅風水方位基本上分為東、東南、南、西南、西、西北、北、東北八個卦位，平均各佔 45 度，卦名依序為震、巽、離、坤、兌、乾、坎、艮。宅卦的坐向，是以外格局來定卦向，獨棟式住宅自然沒有問題。公寓、大廈建築則以整棟公寓、大廈進出的大門來決定。封閉社區建築則以管理員旁的進出大門來決定卦向，而後才參考自宅大樓的卦向。一般人在自宅中心點上，以面向大門位置所定出之卦向，那是錯誤的方法。

插畫／張小倫

陽宅分為外六事與內六事。以外六事為主，看的是大環境風水，而內六事為輔，外部環境無法改變，只能制、化，但屋內格局自己擁有自主權，只要不涉及結構安全，敲樑、拆柱、打牆，傢具愛怎麼移、怎麼換，只要礙不到別人，誰也管不著，所以才有提出研究探討的價值。居家方位並不是憑經驗從日出方向判定，而是要用指南針或羅盤實地測量。一般人對方位的認識只限於東、西、南、北，而且大多認為早上太陽出來的方向就是東方，實際狀況並沒有這麼單純到可一概而論。因為一年四季，太陽出來的位置並非一模一樣，角度最多會差到 40 度之多。所以不可用目測來決定方位，否則誤差就大了。

插畫／張小倫

Q2 一般人該怎麼找出自宅的掛位？

Ⓐ 如果僅以早上日出的方向來定方位，所論出的風水好壞，會有天壤之別。因此若是沒有看到現場，或是沒有準確的羅盤或指南針，千萬不可論斷風水，否則原本沒有問題的配置，被誤診之外，還被提出了錯誤的建議，往後造成不好的結果，這份業力，恐怕不是一般人能扛得起。以下提供找出住宅掛位的步驟：

STEP 1 求出正北 0 度的位置

站立在屋子中心點上，持指南針找出正北 0 度位置，在平面設計圖上標示出正確位置。（使用指南針時，必須遠離金屬、梁、柱及電器用品，手機最好關機。）

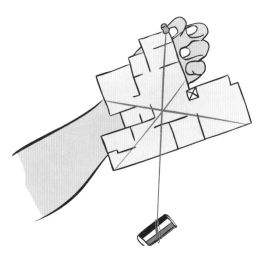

插畫／張小倫

STEP 2 繪出八方正確位置

將分度器中心點對準平面設計圖中心點，以 0 度為準，往左右各 22.5 度畫出兩條直線，此範圍即是坎位（北方），而後每 45 度成一卦位，依此即可將正確的八方位置依序標示出來。

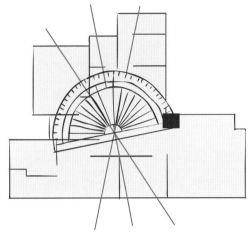

插畫／張小倫

STEP 3 求出宅卦

手執指南針站在大樓門口（或社區大門口），選定垂直的目標，查看指南針上的度數，對照標在平面圖上的八方位置，換算成卦向，即是宅卦、宅向。舉例：指向 15 度，即可知是離卦，向坎。

插畫／張小倫

Q3 算掛位一定要找風水老師嗎？可以透過自己 DIY 算出自宅好掛位嗎？

A 每個人都有自己的居家方位密碼，以下提供從西元出生年推算自己的居家方位（命卦）公式：

「男命」：西元年次的數字加總，直到化為一位數，再以 11 減去這個數字，答案即為所求。例如：1978 年出生，即為 1+9+7+8=25 → 2+5=7 → 11-7=4 答案數字 4 即為所求。

「女命」：西元年次的數字加總，直到化為一位數，再以這個數字加 4，答案即為所求，但若答案為兩位數，則需再加總直到化為一位數。例如：1978 年出生，即為即為 1+9+7+8=25 → 2+5=7 → 7+4=11 → 1+1=2 答案數字 2 即為所求。

求得一數後，就可依下表判斷自己的方位如下：

一	二	三	四	五	六	七	八	九
坎	坤	震	巽	男坤 女坤	乾	兌	艮	離

東四命：凡落點在坎離震巽 4 個方位，稱為東四命。
西四命：凡落點在乾坤艮兌 4 個方位，稱為西四命。

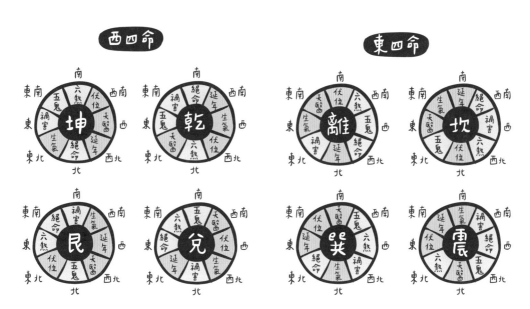

插畫／張小倫

坐向對照表

東四命	坎	坐北朝南	東四宅
	離	坐南朝北	
	震	坐東朝西	
	巽	坐東南朝西北	
西四命	乾	坐西北朝東南	西四宅
	坤	坐西南朝東北	
	艮	坐東北朝西南	
	兌	坐西朝東	

註：東四命配東四宅，西四命配西四宅，才能增福納祥。

Q4 常聽風水師說陽宅有「八方」那是指什麼？

Ⓐ 一般人對方位的認識多半只在於東、南、西、北，對東北、東南、西北、西南方位較沒概念，而且對每個方位所佔的角度位置也不是很清楚，這樣就會影響到空間方位的判斷，所以一定先認識這八個方位及所佔的角度位置。基本上東、南、西、北的位置，指的是正東、南、西、北左右各 15 度的位置；而東北、東南、西北、西南的位置則是正東北、東南、西北、西南左右各 30 度的位置。

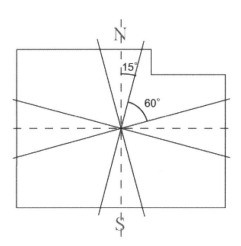

圖片提供／i 室設圈｜漂亮家居資料室

如何知道房子的正中間位置在哪裡？

Ⓐ **STEP 1 畫出格局配置圖**

如果你沒有設計師或建商提供的格局配置圖，你可以先畫張空間的草圖，拿出量尺從房間西北邊的角落開始往南丈量，將每個空間的尺寸記下來，再依先前測量的尺寸畫在依比例縮小格子的繪圖紙上，並將每個空間都標示出來。

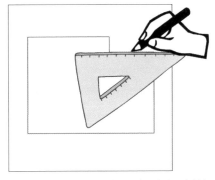

圖片提供／ i 室設圈｜漂亮家居資料室

STEP 2 剪下格局配置圖

拿出剪刀，沿著格局配置圖框線將格局配置圖剪下來備用。

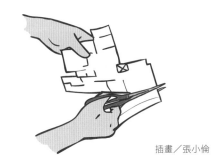

插畫／張小倫

STEP 3 找出正中心的位置

將格局配置圖先上下對摺，再將左右對摺，摺點的中心就是房子正中間的位置。如果房屋並不是完整的正方形或長方形，則不管其缺角的部分，還是取左右及上下最邊緣的位置，為對摺的邊線。但若是 L 型的空間，則兩邊的長方形都要各取一個中心點。

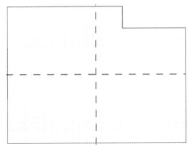

圖片提供／ i 室設圈｜漂亮家居資料室

Q6 風水會影響全家人的運勢，但家中的風水要到底要怎麼看呢？

Ⓐ 有句話説：「門、主臥、灶為陽宅三要」，意思就是在居家風水中，「門」的方位、「主臥」的位置與「灶」的方位，是一定要注意的要點，而這三大空間與財運、事業運也息息相關，因此在選購房子時，一定要先知道與風水相對應的區塊為何，主掌的風水意義又是什麼，才能買到最旺的好宅。住宅出入的主要通道是大門，在風水學中，大門主掌全家人的事業，而進門後的玄關處則稱為內明堂，因為緊貼著主掌事業的大門，所以象徵著因事業上所雖知而來的財富，因此玄關在風水上主財路，也就是大家口中的財運。既然有內明堂，當然就有外明堂，外明堂指的就是大門外的區域，主要掌管事業外的區域，在風水上主遷移、人際關係以及對外業務的推廣，對於財運與事業運也有影響。整體而言，大門內外的內明堂和外明堂，都與事業、財路以及事業發展有關，因此此處的空間規劃好壞與否，足以影響全家人的前途與錢途。

插畫／張小倫

古時候要看這家人有沒有錢，從餐桌上的食物吃得好不好就可窺得，因此製作料理的廚房在風水上代表財庫，也是理財能否增財的風水位置，而錢是否留得住，廚房的格局就顯得相當重要了。廚房中不可少的瓦斯爐，也就是古代的灶，象徵錢財的吸收力、財庫的守護力以及全家人的健康，此處若是規劃得宜，錢財自然易進，財庫也就飽滿，這也是為什麼「開門見灶易漏財」的原因，因為這樣的格局等於讓錢財外露，財富流失也是自然的事情。屬於個人私密空間的臥房，在風水上主掌個人綜合運勢，其中包含個人的事業、財運和婚姻等。如同大門與玄關的關係，臥房的房門在風水上主要掌管個人的事業前途，而臥房門外的空間就好比外明堂，代表個人的對外人際關係以及遷移運勢，臥房房門進來的地方就是內明堂，則掌管個人財運。臥房內的梳妝檯也和個人財運密不可分，古代女性用來藏放嫁妝等值錢首飾的地方就是梳妝檯，因此梳妝檯在風水上主掌個人的私房錢。

插畫／張小倫

PART 2 關於家中的吉位

Q7 好想變有錢！該怎麼找到家中的財位（正財運、偏財運）？每一年的財位會因流年而改變嗎？

Ⓐ 家中的財位象徵著財富的狀態，命理師簡少年指出，風水財位有許多不同的設計可能與形狀或是磁場有關，以形狀為例，最顯而易見的就是「明財位」，開門後 45 度角的方位，延伸至落地窗方向，都屬於明財位的範圍。財位同時也是一個家氣最濃的地方，因此保持清潔，並放上招財金或是招財小物，可達到旺財的效果。此外，簡少年解釋，祈求正財運與偏財運，無關方位，而是關於祈求的神明，端看求財的神明執掌的範疇是屬於正財還是偏財，而產生的差異。流年是指一個人在某個年分的運勢狀態，並與磁場有關，需透過玄空飛星或是紫白飛星等系統調整風水格局，方能轉化宅運。

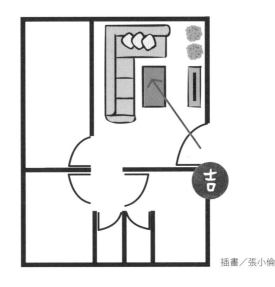

插畫／張小倫

Q8 關於家中財位該注意些什麼？怎麼做可以維持財源滾滾來？

Ⓐ 財位的佈置與設計，可以理解成將家裡最濃的一股氣，轉化為「財氣」。命理師簡少年表示，若財位髒亂則財氣會變得汙濁，因此明財位首重乾淨、整潔，讓家中的清明之氣，轉化為財氣。在聚氣後，財氣還要能發散，才能達到「財源滾滾來」的效果，因此財位區域可放上銅盤與發財金，出入時可抓取銅板，使銅板發出聲響，讓財運向外擴散，使財運興旺。

插畫／張小倫

Q9 家中財位正好落在廁所又該怎麼做才好？

Ⓐ 基本上財位處不可髒、亂，閉、塞，更不可有汙穢、異味、臭味。萬一財位真的就是廁所，建議浴區採用乾、濕分離的淋浴拉門，並隨時保持乾爽、清潔，燈源要明亮。再者乾、濕分離也能減少了摔跤、碰傷的機會，同時還可避免使用吹風機時發生漏電、觸電的意外危險。

插畫／張小倫

Q10 經常這痛、那不舒服,這是不是跟我家中風水有關?該如何改善?

Ⓐ 家中風水也與居住者的健康息息相關,命理師簡少年指出,居住者的健康與以下三點有關,第一點,財位髒亂,財位是一個家氣最濃之處,若髒亂不潔,導致氣變得汙濁,則會對居住者的健康產生影響;第二點,煞氣所造成的影響,廁所是會產生穢氣的空間,因此若空間未經過風水設計,位於格局中央,則濁氣將四散至空間中,廁所對廚房恐導致腸胃問題,對臥房則影響更甚,建議在格局上更動以利改善;第三點,磁場變動的影響,能量與磁場有關,家中的電器如:掃地機器人、吸塵器……等需要充電的家電,若周圍的環境髒亂,則容易使磁場混亂,影響健康,建議除了清掃乾淨之外,平時也可將插頭拔掉,平靜紊亂的磁場。

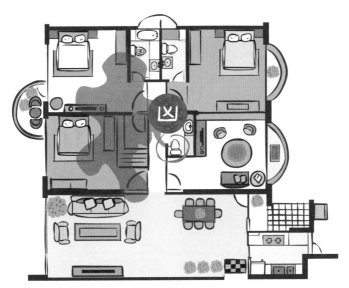

插畫/張小倫

Q11 關於健康問題在風水上有沒有什麼禁忌？可以擺放什麼讓家人身體強壯又健康？

Ⓐ 在住宅風水中，前陽台代表前途、後陽台則代表健康，此外磁場也對身體健康有很大的影響，因此後陽台區域應保持清潔整齊，如此一來不僅生活空間舒適，在風水上對健康也多多益善；鐵器易對磁場造成影響，若家中有廢鐵堆積，建議清理乾淨，許多充電設備聚集的地方，磁場也容易紊亂；假設家裡人健康出現問題，建議可以從清潔做起，並將充電插頭拔除，看看健康狀態是否有好轉。

插畫／張小倫

Q12 小孩好沒考試運年年落榜、老公也好多年沒有升遷，好想問我家的文昌位在哪裡好讓小孩、先生考試和工作運大開？關於文昌位又有哪些禁忌？

Ⓐ 命理師簡少年解釋，家中的文昌位必須透過不同派系命理師的風水設計才能找出，但居住者可從兩方面著手，一是製造「氣」，二則是使象徵前途的前陽台收拾乾淨，可保一家人前途清明。簡少年建議，可在書房窗戶正對的沉積處，擺放文昌筆、文昌帝君、與孔子有關的物品，則可營造有利於讀書的「氣」；同時將陽台區域收拾乾淨，若無前陽台者，也可將靠窗之處打掃乾淨，家中保持清潔，就可以讓一家人的前途愈來愈好。

插畫／張小倫

Q13 一直擺脫不了單身，是不是我家沒有桃花位？家中桃花位該怎麼找呢？

Ⓐ 命理師簡少年指出，桃花位必須透過專業風水師依據各家所學尋找，常人無法依樣畫葫蘆，但可以用「氣」的方式來理解，將家中好的氣轉化為桃花氣，使桃花運大開。簡少年建議，可在臥房窗戶或是落地窗正對的位置，放上從月老求來的招桃花小物，並放上一朵不帶刺的玫瑰，或是象徵愛情的花，讓花朵綻放則這股桃花氣可存留在房間之中，每天也可以觸碰花朵，讓桃花氣可以向外擴散，達到招桃花的效果。

插畫／張小倫

Q14 既怕桃花不開又怕招來爛桃花，關於桃花位有哪些避諱禁忌？

Ⓐ 承前 Q13 所述，簡少年提醒，關於招桃花所有的佈置與小物，都建立在家中必須乾淨的前提之下，家中的前陽台象徵前途，前陽台乾淨整齊，居住者的頭腦才會清醒，在生活中對於對象的選擇上，會更有辨別能力，如此一來才可以招到好的桃花，如若無法將前陽台清理乾淨，至少臥房設置招桃花小物的空間必須乾淨整潔，若此處髒亂，恐招致爛桃花，更甚者遇人不淑，不可不慎。

插畫／張小倫

Q15 踏入職場後人際關係一直受阻，不是被同事排擠就被被孤立，這是不是跟家中人際關係方位有關？又該怎麼找到人際關係方位？

Ⓐ 若希望人際關係有所提升，命理師簡少年建議，可拜土地公、觀音、彌勒佛等神明，土地公象徵散播福德、觀音慈悲普渡眾生、彌勒佛笑口常開的和樂之氣亦能對其求者有所助益，可將求得的平安符，放置在家中的財位旁，讓財位增加「人際」的功能，讓家中好的氣息，間接影響到居住者，平時多助人行善，也能發揮正向的效果，讓人際交往能如魚得水。

插畫／張小倫

Q16 希望職場人緣可以好一點，關於人際關係位有哪些避諱禁忌？

Ⓐ 承 Q15，除了拜拜向神明祈求護身符回家放置在財位之外，家中的整潔是最重要的。風水講求空氣流通，空間清明乾淨，空間整潔則居住者思緒清明，在生活處事、向外交際的部分，自然能做出相對正確的選擇，前陽台區域象徵一個家中所有人的前途與前景，因此前陽台區域，乃至於家中，勤於打掃、將物品歸位、收納乾淨，一個家的運氣自然就會好，人緣也可以得到提升。

插畫／張小倫

PART 3 關於環境的煞氣

Q17 買房前明明我家客廳窗前看出去沒有電線桿，沒想到完工後竟出現了一根無法忽視的電線桿，這會有什麼煞氣產生嗎？該用什麼方式化解？

Ⓐ 大門前方正好有一根無法忽視的電線桿，尤其電線桿若與門口距離很近，已經有點擋到出入動線時，在風水上被稱為「穿心煞」，風水上象徵前途受阻、當頭棒喝的陰影，建議可掛置八卦凹鏡化解。

插畫／張小倫

Q18 現在住的房子看中它生活機能不錯且便宜，但附近有大排水溝，友人來家裡後還是提醒有風水問題，是真的嗎？

(A) 臭水溝、汙水池附近的居民，身體普遍不好，腎臟容易生病、男女關係複雜、暗藏情色。打架、爭吵、爭風吃醋事件頻繁、非法交易猖獗。建議可以的話能搬離盡可能搬離。

插畫／張小倫

Q19 家裡附近有變電站，這幾年有聽說要逐步遷移改地下化，這樣對住宅風水還是很不好嗎？

Ⓐ 高壓電塔及變電站附近毫無疑問，是電磁波幅射最強的地方。幅射量與距離的平方成反比，與電壓成正比。電磁波對人的影響是透過血液及內分泌直接作用到全身。初期症狀是頭痛、睡眠品質差……等，久了之後產生各種內臟的癌症病變。建議能搬離就盡量搬離避開吧！

插畫／張小倫

Q20 預算有限只能買在會看到「福地」的房子，風水上真的影響很大嗎？

(A) 墳場四周含有大量的磷（鬼火）及綠噬菌（比一般黴菌小，肉眼看不到），所以很多盜墓者會突然死亡，就是這原因。且這些場所充滿肉眼看不到的靈、光、怨氣，房子必須遠離這些場所才住得安心。

插畫／張小倫

Q21 現今住宅大樓蓋得多又密集，很容易出現大樓切到自家樓出現「壁刀煞」的情況，究竟壁刀煞有多凶？

Ⓐ 風流聚集，沿著建築牆面迎面而來，建物越高、寬度越長，距離越短，聚集的風量就越多，形成的傷害就越大。「壁刀煞」主要是會傷害到人體的健康，其次是錢財容易被沖散掉。風水師孫建騤建議，若是一樓大門遇壁刀煞，如果有4公尺以上的空間，不用移門換位，可以在門前種一排 2.2 公尺高的樹木，煞氣自然就能化解。若煞到的直是窗戶，而且窗戶的密閉性很好，只要將窗戶長期關閉、不打開，人在家的時候將窗紗遮住即可解決。

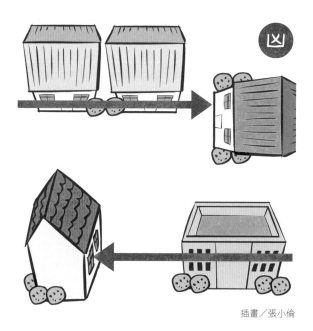

插畫／張小倫

我家大門正好面對兩棟大樓中間的夾縫，聽說這就是「天斬煞」？這會有什麼不好的事發生嗎？

Ⓐ 風流從兩棟房子之間直線穿過，強風集中，直沖而來，無法可閃。此種傷害比壁刀煞還要嚴重；另外兩棟高大建築成 V 字型，煞氣則是由背後而來。化解方法同 Q21 的壁刀煞。

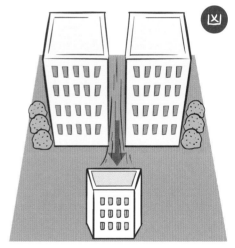

插畫／張小倫

Q23 我家正好被兩側高樓夾住，形成一個「凹風煞」，聽說這不僅容易聚集穢氣還對健康有害？

Ⓐ 房屋四周被高樓包圍或是左右被高樓夾住，便形成風水上指稱的「凹風煞」，被夾住的矮房因日照時間很短，不但日照、通風都會受影響，造成屋內濕氣、陰氣很重，住在裡面容易產生內分泌混亂、皮膚免疫系統失調、情緒不穩等面疾病。

插畫／張小倫

Q24 家附近的房子都很矮，唯獨我家這棟最高且視野很好，不知道這在風水上是否也有問題？

Ⓐ 孤立的高聳大樓雖然視野很好，但就風水角度而言會面臨八方強風環繞、眾目所矚、四面楚歌、孤立無靠。只宜當國際大公司辦公室，不宜當住家。

插畫／張小倫

Q25 旁邊新大樓蓋起來，棟距離我家好近，對風水有影響嗎？

Ⓐ 選擇陽光能照射到的房屋，居家室採光必須充足，那怕是東西曬的屋子，也比棟距太近，不見陽光日曬的暗屋好。暗屋住久了，容易造成心胸狹窄、胸悶、憂鬱症。同時會使事業不順，思想怪異。最怕是住在商業區，窗戶、外牆被大型電子廣告遮蓋住，日夜不見陽光，到了晚上回到家，也正是廣告打開的時候，整晚的輻射作用，對人非常的不好。

插畫／張小倫

老家幾年前改建我們有特別交代師傅圍牆要弄高一點，是否對風水會有影響？

Ⓐ 風水上建議圍牆不要高過門楣，如果圍牆過高，整間屋子就會形成類似監獄的感覺，自然非吉兆。而且圍牆與屋子也不該靠得太近，建議至少要有 250 公分以上的距離。

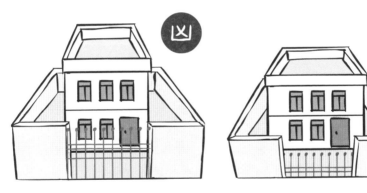

插畫／張小倫

Q27 現在的社區大樓多屬於回字型的封閉式建築，聽說會容易有晦氣，這算是煞氣的一種嗎？

Ⓐ 在迴形建築物內部，風很難進入，進入後在內部滯留、迴轉，形成死氣、穢氣而出不去。萬一遇到火災，會產生「煙囪效應」火勢會瞬間集中向上悶燒，加上沒有退路，真的是死路一條。

插畫／張小倫

Q28 隨著愈來愈多高架橋、快速道路落成，我家大樓附近正好有一條高架道路經過，這樣會有風水煞氣的問題？

(A) 在高架橋或快速道路沿線經常有一整排的建築，這在台灣頗為常見，住宅前方若有這類車流快速的道路或流速很快的河、溪經過，風水上稱為「直流水」，等於是門前天天有一堆過路財神，但沒人會留下來，代表財運會不佳，同時，噪音與廢氣也都會影響居住者的身心，前者干擾腦波、產生錯誤判斷；後者汽車排出的廢氣會直接傷害到人體肺部，建議可以的話就搬離。

插畫／張小倫

Q29 老家門前的路後來被政府徵收去規劃道路，不知他們怎麼規劃的竟有一條路直沖我家大門，這個路沖狀況是否也為煞氣的一種？有辦法改善嗎？

Ⓐ 家中大門正對直行馬路，等於煞氣直沖家門而來，形成大多數人都知道的「路沖」，白天車流沖散福氣，夜間車頭燈直射又會影響室內，是影響運勢很大的壞風水。要化解路沖，有人會用鏡子反射的方式，分散煞氣，要注意的是，千萬不要掛成八卦凸鏡，在光學上，照到凸鏡的光線會在鏡後成束集中，正像反映鏡中，虛像則在鏡後，這樣的特性在風水上，反而是將四方煞氣聚納入室；凹鏡的光學原理和凸鏡相反，光束集中在鏡前，鏡面反映的遠方景物是上下顛倒的，利用這個反轉顛倒的現象，可化解一些煞氣。這裡建議不妨採用「門前植樹法」，種植一排高於 220 公分的樹木，便可化解。

插畫／張小倫

Q30 我們這一區的地面本來就比馬路再低一點點，這樣在風水上，有沒有不好的地方呢？

Ⓐ 建築物的一樓地面若低於路面，風水上認為，這會讓屋內的廢氣不易向外流出，形成淤積的氣場，也會讓居住者容易心生鬱悶，影響個人運勢，若是開店做生意，則容易影響事業運與財運。切記一樓地面低於路面的房子不可選，千萬別自討苦吃。

插畫／張小倫

Q31 我家剛好是在巷子的盡頭，就是大家常說的「死巷」，朋友來一看到我家的巷子就直搖頭，住死巷有這麼不好嗎？

Ⓐ 沒有後路可退的巷子，被稱為「死巷」或「無尾巷」，的確有人認為住此類巷尾可擁有較高的私密性，但是，這種巷子時而氣不通暢，時而強風直灌，算是風水中的禁忌，一般不認為是最適宜的住家選擇。

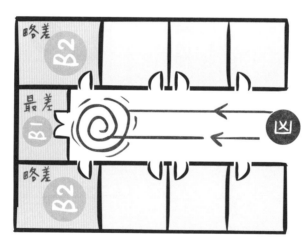

插畫／張小倫

Ⓐ 水從屋子底下流過，諸如大、小排水溝。只要有排水溝經過的屋子下面，住在裡面的住戶一定會有財務上的問題（即錢財留不住），水溝越大、越髒，影響力量就越嚴重。另外也會因經過不同的位置而對人體有不同的傷害。如果經過爐灶，全家胃、腸、消化系統易出問題。

插畫／張小倫

Q33 現代房子常見一層 6 戶、8 戶，甚至 10 戶，偏偏我家大門剛好會對到電梯，住進來一直覺得運氣很不對，真的是風水上有問題嗎？

Ⓐ 大門對到鄰居大門已經不太好了，開門即見電梯，在風水上來說就有如路沖，加上電梯成天上上下下所產生的煞氣直衝大門，有傷財、傷姻緣的疑慮。由於電梯是由馬達帶動才能運作，而每次開門、關門，就像老虎的口，全開、全關，所以風水上也將大門正對電梯，取了「白虎開口」一詞，表示此戶正對的人家必定會受傷害。如果可以改門避開樓梯與電梯是最好，但對於公寓或大樓住宅較困難。

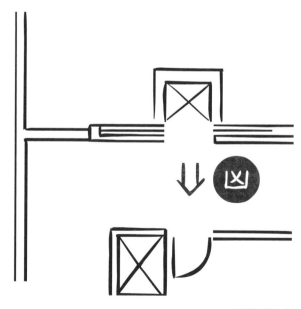

插畫／張小倫

Q34 我住的大樓同層多戶，劃分得很密，使得自家大門離牆壁很近，這會有什麼風水問題嗎？

Ⓐ 「出門碰壁」，對任何人都不會好受所以選屋時不要選大門一打開就是牆面的房子，因為在 2 公尺近距離內，開門碰壁會導致事業不順、前途受阻。當然，大門面對近距離牆面的情在大樓內非常易見，如果門內設有內明堂玄關，門外加強照明，並依各人職業加掛吉祥圖畫，情況是可以改善的。

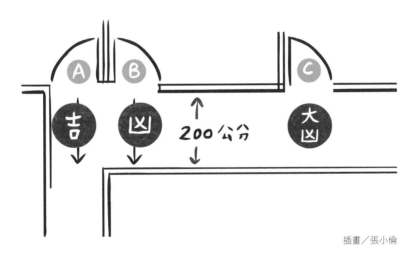

插畫／張小倫

PART 4 關於居家的風水

Q35 改管線位置會花一大筆錢,所以我就沒有移動廁所位置,但變成入門就會看到廁所,聽說這就是「入門煞」,這該如何是好?

Ⓐ 打開大門就看到廁所,這種情況對任何人來說,都會感覺不舒服。想想看,當財神光臨時,進門第一眼就看到廁所,接著臭氣迎面而來。豈不是逼得財神掩鼻、調頭、迅速離去,讓這戶人家痛失發的機會。最好透過設計將廁所隱藏起來,譬如藏牆壁後方,盡量不要一開門就看見廁所。

插畫╱張小倫

Q36 我們夫妻倆買不起太大的房子，只好買小套房入住，受限於坪數，只能接受把衛浴做在樓梯下方，這樣真的有風水問題嗎？

Ⓐ 有些樓中樓的房型為妥善利用樓梯下方的畸零空間，將此處設計浴廁、廚房、書房、神桌或臥房等，上方有天花板斜斜而下，都容易讓人產生不舒適的壓迫感，一般來說樓梯下方皆不適任何生活起居場域。基本上樓梯下方只適合用於造景、淨空或以櫃體將缺口補直，做成儲藏間，不適合作為活動空間。

插畫／張小倫

Q37 我的房子位處一樓,剛好大門打開正對後門,聽說這樣財都留不住是真的嗎?

Ⓐ 大門正對後門或後落地窗而中間沒有阻隔,進出之間拉成一條線,形成前門對後門的「穿堂風」,致使家中之氣不易聚集,旺氣直瀉而出,除了有不易聚財、容易破財之外,屋主須注意心臟方面的循環問題。建議大門處以牆面或櫃體設計玄關空間,或是運用收納櫃、屏風等的設置,讓氣流有所阻隔。

插畫／黑羊

Q38 相較於新成屋，中古屋或老屋獲得的實際坪數比較多，可利用性也比較大，但空間中梁柱多是一大問題，一開始不信風水，但愈住愈覺得壓迫，風水上犯了什麼禁忌嗎？

Ⓐ 現代建築絕大部分都是鋼筋混凝土或鋼梁結構，室內多多少少都會有「梁」，所造成的影響，遠甚於古時風水上所提到的「梁」的影響。它除了造成心理上的壓迫感及危機感之外；更多了實質上磁場、氣場的干擾作用；直接傷害到人的頭腦及身體。建議室內建築結構上原有的梁、柱、尖角最好能利用設計上的技巧，將它修改、隱藏、遮避掉，如此可免除心理上和理上的不良反應。

插畫／張小倫

Q39 我家是老格局了，門上有一道大橫梁穿越經過，總覺得得哪裡怪怪的，風水上真有問題嗎？

(A) 大門上方有梁與門成直角穿越而過，則為「穿心煞」，表示家中易發生令人扼腕的感嘆之事。夫妻房間中若出現與床平行的屋梁將房間天花板一分為二，同樣也是穿心煞，居住其中易有口角、分離。建議在修飾大梁突出時的直角，像是做天花板、間接燈光等，另有一說法是裝潢前在梁下埋入麒麟雕塑品鎮煞。

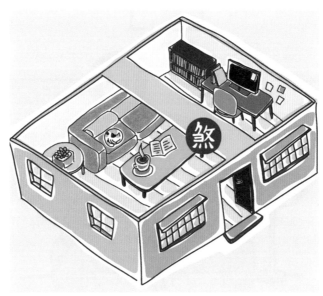

插畫／黑羊

Q40 為增加使用面積，我家做了陽台外推，雖然多了空間但朋友說其實也把好運排除在外，這是真的嗎？會有什麼風水問題嗎？

Ⓐ 在許多中古屋、老屋改建時，為增家室內使用面積，屋主偏好將前陽台外推擴大客廳，表面上有利於擋住塵埃和汙物進入室內，但在風水學上來說，這樣好比「關閉了納氣之門」，將好運排除在外，以科學角度看，陽台外推影響結構，威脅生活安全，而住宅室內通風不良，久居 其中，易出現噁心、頭暈、疲勞等症狀。若已為外推式的格局，可在窗戶與客廳中間，保留室內納氣的空間，如增設矮櫃或起居空間，並在此處擺放盆栽，除盆栽外避免窗前堆積過多雜物，以創造氣場緩衝的空間。

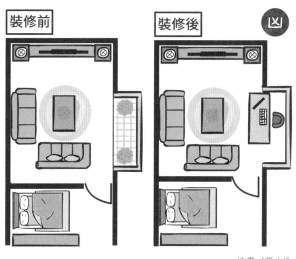

插畫／張小倫

Q41 聽說浴廁位在家的中央處就會形成風水學中的「中宮煞」，容易使整體家運受到阻撓？

Ⓐ 將房子劃分為九宮格，中央區域若剛好為廁所、廚房或走道，就為「中宮煞」。中宮如同心臟，影響家運最甚，中央若有穢氣，易讓家運不興；若為廚房則易影響健康及財運；位在中宮，會造成全家奔波忙碌。改善格局，避開中宮位，或是將位在中宮的廚房、浴廁或走道，以照明及綠色植物順暢此區的氣流循環。

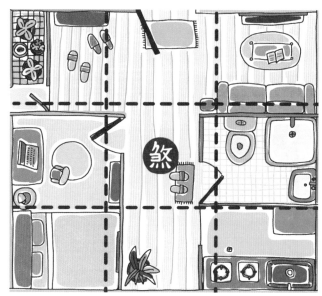

插畫／黑羊

Q42 我家的兩間臥房門剛好彼此相對，聽說這是「對門煞」，要小心些什麼嗎？

Ⓐ 「對門煞（又稱鬥口煞、口舌煞）」最常見的就是房門與房門相對，造成口舌是非，家人感情薄；房門對到廚房門、浴廁門，則易使房間主人易有腸胃方面問題或身體疾病；對到大門更要小心引發官司糾紛。由於門是內外進出的核心，要避免對門除了裝潢時調整外，其次的方式就是將房門以隱藏式門片處理，或加裝門簾，隱化房門或對門形體。

插畫／黑羊

71

Q43 空間不大刻意在空間裡的同一面牆設計出可供進出的兩扇門，動線上方便許多但卻會形成「迴風煞」該怎麼辦？

Ⓐ 同一室內空間中，同一面牆存在著兩扇門，即屬於「迴風煞」，雖然出入方便，但難以聚氣聚財，也不利家中男性健康。若在臥房房間中有迴風煞，代表房間主人易不安於室，當心出現爛桃花及感情糾紛。同一室內都不適合開兩扇門至同一室外，最好能將其中一門封死，並以大型櫃體遮蔽，以看不到、進不去為原則。

插畫／黑羊

Q44 我家原客廳與書房相連，為拓寬空間，設計師打掉隔牆，但這樣就出現「沙發無靠煞」，乘座後感覺好像沒靠山，這會有什麼問題嗎？又該如何化解？

Ⓐ 沙發後方為走道或起居空間，讓沙發成為一懸空狀態，坐在此處易讓人缺乏安全感、心情浮動，工作運勢起伏，且人際關係偏弱，在風水學中，這樣亦為沒有靠山，事業工作難以順心。建議沙發需倚牆擺放，或在後方設立收納櫃或長桌，與走道保持一定距離，遠離空間中易干擾的因素。

插畫／黑羊

Q45 我住的是小套房,但格局配置客廳小於臥房,這容易出現風水上的什麼問題嗎?

Ⓐ 客廳小於臥房空間,易造成房中主人無形間自我膨脹、孤傲自閉的情況,而需要交流互動的客廳場域若狹小氣悶,容易讓家人不易聚心,彼此同住卻距離遙遠,也讓進門拜訪的客人不想久待,難有貴人。需要重新隔間,調整每一場域的活動範圍,或是將客廳合併餐廚空間,成一開放式寬廣大客廳。

插畫／黑羊

Q46 座向關係，我家沙發只好擺於窗前，這樣真的在風水運勢上會受影響嗎？

Ⓐ 客廳中若沙發背後靠窗，或是沙發側邊臨窗等，風水上都屬於「無靠」，因為窗是另一空間的延伸，無實質倚靠力量，沙發靠窗，代表事業工作難有貴人，也要預防小人背後中傷。建議最好改變客廳擺設方式，讓沙發後為高櫃或牆，窗戶可在下方設置收納空間，隔出適當距離。

插畫／黑羊

Q47 裝潢手法中一直很流行架高設計,用來區分不同場域和機能,這在風水上也有問題嗎?

Ⓐ 這在風水上稱為「不平煞」或「勞苦煞」,很多人為了區隔空間場域,架高部分空間,但客廳中出現高低落差的地板最易影響男主人,可能招來意外傷害,也主命運多波折、變動極多,前高後低的地面則象徵家運節節敗退。以不同地板建材區分空間,或從天花板的區隔場域,避免不平地面的設計,若房子地面本身不平或歪斜,最好重新施工。

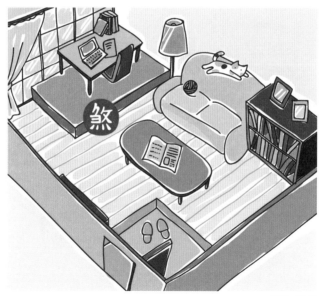

插畫/黑羊

Q48 廚房中的窗戶下為瓦斯爐，想說有助於通風，但這樣有所謂的「廚風煞」是真的嗎？該怎麼化解？

Ⓐ 與撞門煞有異曲同工之妙，因窗戶同樣帶有氣流，廚房中窗戶下若為瓦斯爐，就易形成火候不穩定的廚風煞，易造成家人腸胃上的毛病，爐火亦有小財庫之稱，若與窗相鄰，則財氣四散不易聚財。廚房中的窗若能與水槽相鄰，就能造就煮食的好心情，可改將水槽置於此處，或直接封窗。

插畫／張小倫

Q49 廚房坪數不大,冰箱只好正對瓦斯爐放,但這樣會有煞氣是真的嗎?但又沒有空間可放了該怎麼辦?

(A) 瓦斯爐屬性為火,冰箱和水槽相同,屬性同屬水,冰箱與瓦斯爐亦有水剋火的相沖格局,兩兩相對或緊鄰,都會致使家人健康上出現狀況,其中尤以腸胃最為嚴重。廚房中應以瓦斯爐→流理檯→水槽→冰箱如此排列,才能完全避免水剋火的煞氣。

插畫／黑羊

Q50 因為平日幾乎不開伙，想說廚房愈小愈好，所以就讓瓦斯爐和洗手槽相連，中間不要空太多距離，這樣的規劃在風水上應該沒問題吧？

Ⓐ 廚房中瓦斯爐與水槽緊臨，或相距未超過 45～60 公分，就形成水剋火煞氣風水，以科學風水的觀點來看，用火煮食時一旁水槽若水花飛濺，勢必影響火候，連帶影響食物料理。此外，瓦斯爐與水槽相對亦有相同煞氣。瓦斯爐與水槽位置調整，距離至少超過 45 公分以上才可化解。

插畫／黑羊

Q51 中島廚房盛行，我家也做了一套中島，但這樣真的就犯了風了上的「無靠」禁忌？

Ⓐ 有很多人喜歡中島式的開放廚房，甚至將瓦斯爐安裝在中島上，以便於一邊炒菜一邊和他人聊天或看顧小孩。但這樣沒有靠牆的瓦斯爐油煙會四飛散，造成室內空氣不良，且油鍋、湯鍋也易碰翻，在使用較不安全。

插畫／張小倫

Q52 聽說「臥房緊鄰浴室」超母湯，但現在格局很容易遇到，該怎麼辦？

Ⓐ 環境中不當的格局衝擊腦部，都可能造成主人神經衰弱或是睡不安穩、多夢等問題。臥房中床頭後方為廁所、廚房、走道，或是床頭處、沙發、書桌坐椅等壓梁，都為擾亂思慮的破腦煞。建議改變臥房格局或床的座向與位置，若有壓梁則需以裝潢修飾天花板，或以燈光、櫃體等隱化梁的存在感。

插畫／張小倫

Q53 我家的衛浴是在廚房內，也就是先經過廚房才會到廁所，這在風水上會犯了什麼大忌嗎？

Ⓐ 廚房為煮食之所，廁所為穢氣之地，當廁所門開於廚房內，廚廁重疊於同一區域，恐影響家人飲食衛生，也會致使家中人丁單薄，兒孫緣薄。廚中廁看似便利，其實在風水中是會敗壞家運的大忌。改變廁門方向，從別處進入；運用隱形片設計讓廁門的殺傷力減到最小。

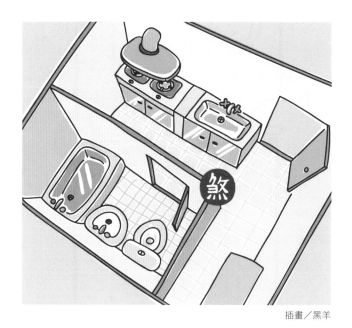

插畫／黑羊

Q54 想要買個有開窗的衛浴住宅如此難，我家衛浴正好沒有可通氣流的窗戶，聽說這會有「陰濕煞」是真的嗎？該怎麼化解？

Ⓐ 在浴廁中沒有可通氣流的窗戶，以致環境經常潮濕、易生霉菌，濕穢之氣無法通暢排出，同樣會影響家人健康，其中對脾、腎影響最劇，需防範家中老年人慢性病的產生。建議加裝抽風機時時排氣、換氣，以科學觀點來說可保持通風，另外以小燈搭配綠色植物象徵光合作用，也能化解陰濕煞氣。

插畫／黑羊

Q55 前屋主為了排水問題有特別把廁所地板架高，入住之後好像運勢沒有很好，這種高低差也有煞氣問題嗎？又該如何化解？

Ⓐ 廁所地板較其它區域為高，稱為「高低煞」。由於有些住家內廁所埋設 馬桶管路，往往採用加高廁所地板的方式，但如此一來家人有肝膽方面的疾病產生，而室內地板高低出現落差，容易導致意外發生，若家中有老人、小孩則需要特別小心，且穢氣由高處往低處流，代表家中穢氣四散，財運走下坡。建議廁所地板需要打平，甚至管線重鋪。

插畫／張小倫

Q56 我很喜歡民宿裡在臥房中將浴、廁獨立設置在房間裡，感覺好享受，但聽說這也有煞氣問題，是真的嗎？

Ⓐ 特別是小套房或是較大的臥房中，有屋主將浴、廁獨立設置在房間裡，成為無隔牆的開放式或半開放式的格局，但浴廁與房連成一體，室內濕氣重複循環，易使居住者出現腎臟方面的問題；夫妻房或套房有此格局，則要當心夫妻同床異夢、貌合神離。僅做單面屏風並無法達到化解效果，需重新規劃格局，將完整浴室納入房間中。

插畫／張小倫

Q57 房間裡設有衛浴覺得使用上方便，但廁所門難免會對到床，這會有風水疑慮嗎？

Ⓐ 房間裡的廁所對到床，情況比房門對到公共廁所嚴重。對到頭，會頭痛、思考時不能集中，住久了會產生腫瘤、中風等問題；對到腰，會腰酸、心臟無力、水腫，住久了會產生糖尿病、洗腎、心臟病……等；對到腳，會坐骨酸痛、膝蓋無力、痛風水腫，住久了會產生意外骨折。建議可以的話，設計規劃前宜要避開。

  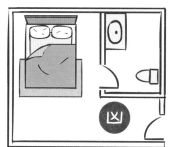

插畫／張小倫

Q58 前屋主重新做了裝潢，唯獨臥房門是正對床尾，有需要做調整嗎？

Ⓐ 尾對到房門，睡覺時身體與門呈一直線，屬於風水中大凶格局，又稱開門見床，躺臥時睡不安穩、心神不寧，也使房間主人身體脆弱。基本上房門與床最好有所阻隔，門床相沖身體最傷。可針對房門設置簡化的小玄關，或以屏風、隱形門片化解，但房門最好保持關閉狀態保持空間安定。

插畫／黑羊

Q59 我家是一房一廳的格局，臥房裡因需求又再隔出書桌區，但這樣床就沒有辦法靠到牆，是不是也容易有風水問題？

Ⓐ 房間中床頭若沒有靠到實牆，則形成床頭空懸煞，易使房間主人睡不安穩，處事缺乏穩定，長期居住更可能有元神損耗、腦神經衰弱等負面情況發生。許多人為避開床頭大梁而寧可床頭空懸，這是相當不佳的做法，若不能靠牆，可在床頭設計床頭櫃、床頭平台或是桌檯，都可化解。

插畫／黑羊

Q60 佈置家裡時學歐美影集在臥房床的對面放有鏡子，聽說在風水上不好是真的嗎？該如何化解？

Ⓐ 房間中的梳妝檯或是以鏡子作為門片的衣櫥，剛好正對床鋪，即形成鏡床煞，屬於相當嚴重的臥房風水煞，半夜起床，容易被自己身影驚嚇，不僅容易引發夫妻口角、感情生變，更有損害健康的風險。建議可將鏡子與床相鄰擺放，梳妝檯換一方向，移開兩兩相對的煞氣，或者選擇鏡子在櫃門內的衣櫥，透過位置轉移避免鏡床煞氣。

插畫／黑羊

Q61 礙於省錢我住的是前一手屋主已裝潢好的二手屋，但臥房正對面就有梳妝檯，即鏡子正對床鋪，再加上正對床上方也有盞吊燈，聽說風水上也是不好，該怎麼化解？

Ⓐ 懸劍煞就是俗稱的「燈射床」，臥房直式日光燈管剛好與床垂直陳設，燈管像箭般直直切進，睡在其中容易出現病痛及血光，燈管愈長殺傷力愈強。房中照明也不適合擺設在床的上方，易影響健康。調整燈與床的角度，也可選擇圓形燈具或嵌燈化解懸劍形煞，燈具位置最好避開床的上方，也可以柔和的間接照明化解。

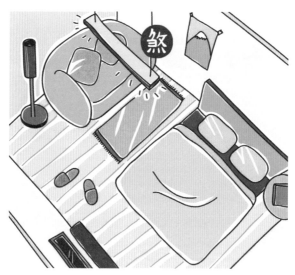

插畫／黑羊

Q62 以前裝潢經驗不足，空間旁邊就是客廳的神明廳，聽說風水上不太理想，該怎麼辦才好？

Ⓐ 床的隔牆為神桌的後方，無論床頭、床尾，都構成相當不佳的風水煞氣，床頭朝神桌，則當心引發夜長夢多、噩夢連連的狀況，床尾朝神桌則大為不敬。移動床位避免煞氣位置，只要避開直直相對的區域，都可化解。

插畫／張小倫

Q63 床的上方就有橫梁經過，在風水上是好還是不好？

Ⓐ 橫梁是建築物主體結構之一，主要是由鋼筋及混凝土組成，當指南針放在梁下，指針立刻會改變方向，這可證實橫梁會產生明顯的物理磁感應作用，由此可知，睡在橫梁下，人體的微電系統（尤其是大腦、心臟）會直接受到負面影響，造成睡眠不足、頭痛……等現象。建議在梁下放矮櫃，或乾脆設計整面包立頂櫃來避開橫梁。

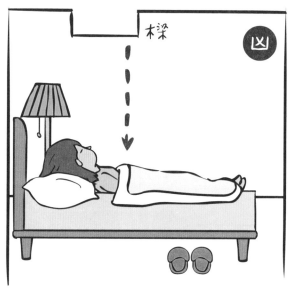

插畫／張小倫

Q64 現在的房子稜稜角角很多，我的床鋪正好有對到一個缺角，這在風水上會有問題嗎？

Ⓐ 房間內則因設置浴廁、更衣室產生的室內壁刀對到床，會出現所謂的臥房壁刀煞，躺在床上者在壁刀所切之處容易出現意外傷害或病痛。另外也有房門被其它室內牆面壁刀所切，亦構成臥房壁刀，臥房主人要小心血光意外。建議可以弱化壁刀銳角帶來的煞氣，運用屏風、牆面佈置、收納櫃填平缺角等，都是設計師常採用的方式。

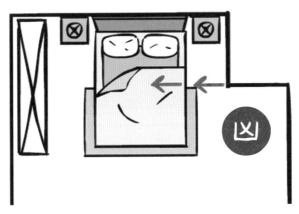

插畫／張小倫

Q65 臥房塗刷了喜歡的顏色，看了開心，但聽說用顏色也是要注意不然和風水上有抵觸？

Ⓐ 深色系的顏色並非絕對不能用，但是不可以大面積使用，大面積的深色會刺激眼睛，不但會影響心情，也導致無法好好睡覺，久而久之，身體也會出現問題。

插畫／張小倫

Q66 小 baby 從出生以來就跟我們一起睡在雙人大床，婆婆也說小孩最好不要睡大人床，想問小孩真的不適合睡雙人大床嗎？

Ⓐ 風水上認為，讓小孩子睡大床、雙人床，容易形成孩子自大、自我的個性，可能造成孩子我行我素、與父母溝通困難的狀況。一般建議不要讓太小的孩子睡過大的床鋪。

插畫／張小倫

Q67 收納達人都會教人不要浪費床底下空間，可以把雜物收納在床底下，但是我總覺得雜物推放在床下會影響運勢吧？

Ⓐ 床下最好不要堆放雜物，尤其忌諱鐵器、鍋爐之類的物品，風水上有影響生育之說，想要生小寶寶的人要特別注意。

插畫／張小倫

Q68 為了採光好把房間都用玻璃窗，能見到充足陽光應該運勢也會跟著好對吧？

Ⓐ 大面積的玻璃或窗戶，會產生熱能的大量聚集或散失；尤其是陽光房或三面都是玻璃窗戶。如果希望能隨時欣賞到戶外風景又希望住得健康，只好多花成本，採用雙層隔熱玻璃，並加貼透明且系數較高的隔熱膜。

插畫／張小倫

CHAPTER

3

活用設計破解居家
風水案例 100+

有鑒於現在許多高樓大廈的戶型，或多或少都會有風水上的問題，活用裝修設計破解不良帶煞格局，既能避掉風水上的困境，也能改善整體所帶來的不適。以空間格局作為分類：客廳、餐廚、臥房、衛浴、其他空間，藉由案例說明設計師如何巧用設計改善風水上的不適。

PART 1 客廳篇

客廳常見風水禁忌：穿堂煞

CASE 1 玄關規劃解煞又滿足收納功能

不良格局：原格局開門見廳，很明顯有風水上的問題。

破解手法：開門見廳的情形非常明顯，在空間充裕的情況下，規劃了一個既能化解穿堂煞，又能收納鞋子、外出衣帽、隨手小物的玄關設計。地面以圓弧造型界定區域，整合玄關櫃體的同時，另以霧面玻璃創造屏風功能，若隱若現又能化解風水疑慮。

圖片提供／構設計

CASE 2 界定空間層次，扭轉風水疑慮

不良格局：本案存在著進門就一眼望穿客廳的風水問題。

破解手法：設計師利用空間以櫃體、花磚劃分出玄關落塵區，藉由引導性的入內動線化解開門見廳之不良風水，此區也能作為出入時屋主一家人儀容整裝或收放外出鞋、衣物的空間。規劃上設計者也運用鐵件玻璃屏風做區隔，透光不透視的特性，有效增加玄關明亮度。

圖片提供／寬象空間設計

CASE 3 L 字型玄關結合吊櫃，阻絕長驅直入的視線

不良格局：從玄關進入室內是全開放式的設計，大門敞開時缺乏住宅必備的隱私性。

破解手法：首先，設計者將玄關設計成 L 字型，以此作為引導屋主入內動線，轉折之間也能消弭開門見廳的情況；其次則是設計及腰矮櫃，同時矮櫃上方利用錯落形成的透明展示盒，能進一步作為整體帶來充足的隱蔽性。櫃體本身有展示作用，上方擺一了屋主的個人蒐藏，即能作為具個人生活風格的端景。

圖片提供／寬象空間設計

CASE 4 設立玄關和造天花板，化煞於無形

不良格局：有開門見廳、橫梁壓迫等風水問題。

破解手法：為避入室直見著客餐廳的情況，設計者以復古花磚地坪勾勒玄關區，作為入室前的一個過度轉折，轉換心情也將風水問題化於無形。另外，建築原有的橫梁問題，藉由設計線條讓梁藏於其中，也讓天花立面更有變化。

圖片提供／成境設計

CASE 5 清水模牆面結合玄關櫃，阻擋居家穢氣

不良格局：原格局有入門煞，即一進入門時，視線直接對到家中廁所。

破解手法：大門是每個家的門面，如果直接對著廁所，一進門就看到穢氣容易影響全家人的健康與運程，因此設計師在大門入口設計玄關櫃，遮擋一開門即可看穿走道底廁所門的尷尬，同時也解決玄關鞋櫃收納不夠的問題。

圖片提供／築青室內裝修有限公司

CASE 6 弧形玄關牆消弭進門戾氣

不良格局：整片落地窗結構一開門就可看見大窗，屬漏財型穿堂煞風水。

破解手法：設計師巧妙將電視牆打造為圓弧曲線，從牆面延伸並順勢做出大門進出阻隔，解決進門無阻遮的缺點，也創造了玄關、大門與客廳的吉祥風水。此外，電視玄關兩用牆由低至高，不置頂、不壓迫的設計創造最佳旺財的格局。

圖片提供／奇逸空間設計

CASE 7 避免一鏡見底的懸空屏風

不良格局：一入門即可看見全部空間的困擾。

破解手法：約 30 幾坪的中坪數住宅，難以規劃正式大玄關，但賓客一入門即可望見全盤的空間又讓人有不安全感，因此以隔屏示意出玄關空間，並搭配橫向平台下設有抽屜設計，可擺設、可置物，解決玄關端景與小物收納需求，虛中帶實的輕盈穿透造型則讓光穿梭客廳與玄關間。

圖片提供／森境設計

不良格局：長長的玄關底端是落地窗，有著大門正對門窗的風水禁忌。

破解手法：運用木框加斜板與玻璃混搭材質的造型框屏風，讓視覺無法穿透，化解門窗相對的風水顧慮，透光不透影的材料選用讓後方的光線能夠逸散至玄關，刻意留天留地的設計也保持空氣的對流。

圖片提供／曾建豪建築師事務所

CASE 9 阻擋煞氣不阻擋財運

不良格局：因為坪數較大，靠近大門處光線不足，且入門即見到室內，缺乏住居隱私感。

破解手法：門口處以毛玻、原木柱建立玄關，並順勢將進出口轉了方向，讓門不至直接對窗，形成散財格局，而毛玻璃的壁面讓自然光延伸至裡，即使在大門處依然能感覺空間的通透感，面對大門處則可擺上吉祥招財藝術品，對進門的每位客人來說都能有興旺、納福的好運。

圖片提供／浩室設計

CASE 10 格柵端景阻斷煞氣，保留空間通透

不良格局：大門與客廳緊緊相鄰，存在穿堂煞氣的疑慮。

破解手法：為化解開門見廳在風水學中造成的忌諱，又擔心做了玄關牆易阻斷視線讓空間變得狹小，設計師以格柵式屏風取代實體牆面，增加視覺上的開闊感外，半掩蔽的設計方式保留了空間的通透性，不規則的立柱體化解了穿堂煞，也多了生活 Freestyle 的自在感。

圖片提供／奇逸空間設計

CASE 11 格柵端景阻斷煞氣，保留空間通透

不良格局：從大門入室即會看到客廳落地窗的風水問題。

破解手法：為了營造出屋主喜歡的自然開放格局，室內隔間盡量簡化，其中寬敞的玄關主要以一道別緻的葉形屏風，作為大門與大廳落地窗之間的屏障，化解了傳統風水忌諱，並以此展現主人的時尚品味。在這一扇葉綠屏風中，設計師巧妙運用鏡片填滿葉脈縫隙，讓視覺隨鏡面延伸或反映周遭景象。

圖片提供／藝念集私空間設計

CASE 12 格柵屏風靈巧轉換內外界定

不良格局：直視客廳唐突視線的風水問題。

破解手法：考量玄關出入口有收納、置物等機能需求必須滿足，建置了木格柵造型鞋櫃，並將此設計轉折連結至電視櫃，也適度地遮蔽了大門直接面向客廳、陽台的視線；另一方面，在鞋櫃下端以厚層板取代櫃體，增加展示與置物的多元化，搭配燈光設計更避免櫃體沉重感。

圖片提供／森境設計

CASE 13 格柵屏風靈巧轉換內外界定

不良格局:此案進門入內就是餐廳區域,開門即對到餐桌與落地窗,形成錢財外露的入門煞格局。

破解手法:設計師在進門處設計了鐵件與木材結合的造型格柵,與室內展示櫃相呼應,巧妙破解了煞氣,橫直線交錯形成了獨特的設計手法。此外,簡單的造形玄關牆不僅阻隔破解煞氣,也增添了無形的安全感。

圖片提供/明代室內設計

水平書櫃用書香化煞

不良格局：大門進入室內後會直接面對外面的落地窗，也同時會看到廚房區的爐灶。

破解手法：從玄關到客廳的牆面以橫向水平層板書櫃一路延展，在終端跳脫牆面以弧形角度轉折，形成大門與落地窗的視覺隔屏，也一併蔽住爐灶，解決了穿堂與見灶的禁忌。大面積的櫃體亦滿足業主許 多書籍收納以及紀念品展示的空間需求。

圖片提供／曾建豪建築師事務所

CASE 15 活動式拉門阻隔外來大煞氣

不良格局：玄關與落地窗直直相對，形成穿堂煞。

破解手法：雖然格局中由大門進客廳時，有一處空間較狹小的玄關，剛好可阻擋從大門看進臥房、廚房和廁所的視線，但還是難以避免與落地窗直直相對，設計師以霧面毛玻與木框打造活動式拉門，拉門不僅破解穿堂煞氣，也能保留室內光線，多了完整的緩衝空間，全家能更安穩居住。

圖片提供／于人設計

CASE 16 兩進動線轉折間藏風聚財

不良格局：原本格局潛藏直衝入內的穿堂煞問題。

破解手法：玄關天花以低調的嵌燈作為照明，灰石地板不僅耐髒同時展現此區的沉穩，與廊道盡頭藝品畫作搭配相得益彰，形塑古典韻味；兩進式轉折動線，破解了原本直衝入內的穿堂格局，既不驚擾室內，也能是最優雅的待客區域。

圖片提供／明代室內設計

CASE 17 兼顧視覺、收納與風水的鞋櫃

不良格局：門見底，穿堂之困。

破解手法：設計師運用隔屏處理之，且一櫃兩用，阻擋煞氣，滿足屋主對於設計極簡的偏好。玄關處由於龍邊碰壁，龍邊主管男主人的事業運，設計師採用深色玻璃阻擋煞氣，出門前還能順道整理儀容，一舉兩得。

圖片提供／一水一木設計事業

CASE 18 一櫃兩用，隔屏兼具電視牆

不良格局：原本大門進入會直接面對客廳整片的落地窗，形成所謂風水穿堂煞的禁忌。

破解手法：利用木作與玻璃設計出上下櫃的隔屏界定出玄關空間來作為穿堂煞的遮擋，亦可增加客廳區的安全感。不僅解決煞氣，也創造收納空間，中間段採用不同間隔與顏色的玻璃製造不同的視覺層次，並將光線引入玄關。

圖片提供／曾建豪建築師事務所

CASE 19 運用玄關轉換內外氣場

不良格局：一般於風水學來説門廳不相鄰，因為客廳是較正式的場所，大門與客廳中間宜有點區隔，透過設置玄關來作為緩衝。

破解手法：玄關即是大門與客廳的緩衝之處，因為大門是連結內外的門戶，而客廳是充滿家庭氣氛的場域，兩者之間宜有過渡和緩衝地帶。因此設計師此可設置鞋衣帽櫃，作為整理儀容的地方，主人出門或是客人來訪，都可在玄關處先整理儀容，再進入客廳或是離開；來訪客人亦可在玄關處先熟悉屋內的氣氛，消除緊張與不自在的情緒。

圖片提供／里歐室內設計

CASE 20 鐵件鏤空玄關櫃，滿足收納打造好運

不良格局：一入室即有開門見窗的問題，風水上不易聚氣。

破解手法：開放式場域由大門即能望向窗戶，形成風水中開門見窗的穿堂煞氣，設計師運用鐵件結合系統櫃打造迴旋氣場化解忌諱，白色鐵件鏤空櫃體令視覺輕盈，並結合鞋櫃與衣帽櫃強化收納功能。

圖片提供／築青室內裝修有限公司

CASE 21 機能屏風巧妙化煞

不良格局：客廳常使用開放式格局讓空間顯得寬大，但卻容易有門對門或是門對窗等穿堂煞的問題。

破解手法：本案公共場域採取開放空間設計，令視覺感受寬闊舒適，但因為大門直對落地窗，有違風水門對門的穿堂煞氣，設計師運用機能屏風櫃體屏蔽，也為空間做出界定，讓門口有玄關場域好轉換室內外氣氛。

圖片提供／明代室內設計

CASE 22 畫龍點睛的旺財格局

不良格局：客廳沒有玄關，容易將室外的穢氣帶入室內，也會有破財的擔憂。

破解手法：玄關為室內與室外的緩衝空間，可以讓居家擁有隱密的安全感，開門後進入玄關再看到廳堂是較為完美的格局。立面的木格柵與文化石砌電視牆產生手感對話，體現風水也需帶入美感的設計堅持。

CASE 23 以造型化煞保留客廳原味

不良格局：大門直接對著室內起居空間，產生破財煞。

破解手法：新成屋擁有開敞自由的空間優勢，但會有廳堂直接向外的風水禁忌，以柵欄造型作為與室內空間的交界，化解大門面對客、餐廳的直接視線，藉由燈光的投射，替居家增添光影美學的幽柔神秘的表情。

圖片提供／浩室設計

CASE 24 銀灰洞石，玄關轉角好福氣

不良格局：因為坪數不夠大而採開放式格局設計，卻造成門與落地窗相對，形成穿堂煞氣。

破解手法：在百坪的宅邸裡，玄關成為連結內外的關鍵之所，並扮演切換環境場域的核心角色。以銀灰洞石隔出入口空間與客廳，十足隱蔽卻也不減恢宏氣勢，棋盤格紋式的玄關地坪鮮明的區分出場域的特殊性，用材質帶動立面視覺，也強化了穿堂風的阻滯力。

圖片提供／奇逸空間設計

CASE 25 鐵件懸空屏風阻卻煞氣並展俐落

不良格局：因為坪數不夠大而採開放式格局設計，卻造成門與落地窗相對，形成穿堂煞氣。

破解手法：穿堂煞風水被列為「金錢穿堂」難以經管的格局。因為被視為漏財煞氣，在此案設計師結合風水概念運用鐵件懸空屏風做遮擋，既與房內設計連結並也達到破解之效。

圖片提供／里歐室內設計

機能櫃體擋煞多功一舉多得

不良格局：大門入口處沒有屏蔽直對落地窗戶，是風水中所謂的穿堂煞。

破解手法：大門入口處沒有屏蔽，形成直接與落地窗相對，是很典型的風水穿堂煞氣。設計師運用機能櫃體作為屏障，不僅解決煞氣問題，並界定玄關場域，其櫃體更是兼具收納與電暖爐的功能，一舉數得。

圖片提供／里歐室內設計

CASE 27 玄關屏風創造幸福迴旋

不良格局：從大門一進入就會直接看到落地窗，也因為沒有玄關，室內場域一覽無遺。

破解手法：這戶是現在房型常見格局，因為開放式設計，室內場域一覽無遺，卻也使得設計與風水格局難兩全。在這裡設計師運用溫潤的皮革屏風作為屏蔽，也為入口處做出玄關迴旋式內外氣場，更為空間營造大器質感。

圖片提供／FUGE GROUP 馥閣設計集團

不良格局：原始格局未隔間時，一入門即見落地窗，成為難以聚財的穿堂煞。

破解手法：陽宅須具有讓屋內迴旋聚氣的效果，但穿堂煞沒有聚氣效果，還會讓風像一把刃直接貫穿整個屋子，住在屋內的人經過，便會產生煞氣、影響運勢。設計師於此運用正面收納櫃與側面鞋櫃作為阻隔，除了去除煞氣外，玄關廊道場域令空間更為大器。

圖片提供／里歐室內設計

客廳常見風水禁忌：橫梁壓迫

CASE 29 反射材質延伸視覺延也消弭壓迫感

不良格局：透過修飾線條，達到視覺延伸也消弭壓迫感。

破解手法：將「梁下的位置」規劃為「坐下」的沙發區和餐桌區，降低梁柱下與頭頂之間的距離。此外，設計師也藉由修飾線條的方式，讓整體更為柔和，引導視線同時也化解壓迫的感受。

圖片提供／大序合意設計

多層次天花板，化解煞氣有秘訣

不良格局：客廳連接臥房的上方天花板有支超級大梁，帶來壓梁的頭痛風水，更讓空間備受壓迫。

破解手法：因為梁的存在感實在太強，無論用裝潢包覆或隱入天花板，都會讓空間變得更狹小，視覺也受壓迫，設計師以多層次方式製造天花板的高低差，納入空調線路同時加上間接燈光，整體設計與電視牆稜線搭配得天衣無縫。

圖片提供／南邑室內設計事務所

CASE 31 延伸木色塊緩和大梁壓迫

不良格局：空間先天結構上有巨大橫梁問題。

破解手法：將各區定位後，仍難以避開空間先天結構上的巨大梁線，由客廳持續延伸至餐廳以及臥榻、窗邊，設計師除了運用天花板轉折向牆面蔓延的木皮，消弭了橫跨的大梁及壓迫感，同時向窗邊直奔的木色塊設計也讓視覺延伸，與窗外湖景相接。

圖片提供／森境設計

CASE 32 高低差與圓弧造型化解大梁壓迫感

不良格局：入口大梁橫跨客餐廳，形成所謂的破腦煞，讓人感覺空間具有壓迫感受。

破解手法：設計師在面對連接客餐廳的大梁，運用高低差修斜面，降低柱體的銳角並讓其延伸因此降低壓迫感，讓人在空間中覺得舒適。而在餐廳部分，則運用梁做造型，圓弧設計轉化原本的方正感受令空間多變化。

圖片提供／里歐室內設計

CASE 33 簡俐線條化解梁壓煞氣

不良格局：中大型宅邸中，沙發天花板正上方剛好有大梁橫跨，長待久坐易有頭昏腦脹等不良影響。

破解手法：為化解大梁破腦的風水煞氣，與其犧牲空間高度包覆大梁，設計師直接以斜面修掉高底差，也開創天花板的時尚風格。同時不增加繁複線條，也運用斜體立面修飾銳立直角，並增加光帶溝槽展現空間大器之美。

圖片提供／奇逸空間設計

CASE 34 太極無窮空間破解四方煞

不良格局：客廳上方有橫梁經過，顯得壓迫。

破解手法：75坪大房中，客廳設計不僅要氣派體面，且要能有逢凶化吉的格局，儘管沙發無靠且上方梁壓，但圓弧電視牆面與圓弧沙發，形成動態運轉的視角，也創造了源源不絕的流動氣場，破解空間內的煞型，圓圓滿滿無畏無懼。

圖片提供／奇逸空間設計

CASE 35 木牆轉折造型模糊大梁印象

不良格局：客廳電視牆上方與左右可以見到各有梁柱盤據，使電視牆的尺寸受到限縮，也顯現出侷促感。

破解手法：為徹底化解問題，保留此中古屋屋高，設計師將電視牆以直向木紋的木色調設計持續向大梁及天花板、地板蔓延，使視覺獲得延伸、進而緩減大梁壓迫感。捨棄由大梁低點作為天花板封板設計的基準，運用天花板與各區的格局規劃，呈現層次高低卻不失凌亂的畫面。

圖片提供／森境設計

CASE 36 延伸大梁巧變空間分隔

不良格局：本案客廳有一支非常大的梁柱貫穿，長期坐於梁下者，恐有諸事不順的疑慮。

破解手法：設計師巧用菱形延伸的概念，將梁柱由左、右兩側傾斜延展出去，讓原本梁柱的壓迫感被虛化，化解煞氣，且將工作場域與客廳做出自然區隔的感覺。

圖片提供／一水一木設計事業

CASE 37 通透感十足廣納各方好福氣

不良格局：客廳中上方有梁壓的煞氣風水，開放式的大格局同時也有難以聚氣等問題。

破解手法：設計師以天花板方式化解大梁存在感，再依不同場域劃分出天花板的高低差，讓空間雖大卻能有所區隔，沙發背後以透視感強的大方玻璃搭木框欄，隔出客廳後的閱讀場域同時不影響室內明亮度及通透感。

圖片提供／金岱室內裝修

CASE 38 門不見梯守住錢財

不良格局：一進門即見通往地下室的向下樓梯，觸犯了風水禁忌中的「開門見梯」。

破解手法：在風水學當中，向下的樓梯為「溜財梯」，若是門外正對此梯，就會形成退財的「捲簾水」格局，導致居住者的財運如溜滑梯般直線下降，不但不利進財，也不利守財，在工作方面更有節節敗退之意。設計師在設計時將格局重新調配，錯開下地下室的樓梯並錯開通往後陽台的門隔絕穿堂煞，來化解風水禁忌。

圖片提供／FUGE GROUP 馥閣設計集團

客廳常見風水禁忌：沙發無靠

CASE 39 半高書牆設計，區而不隔、沙發也有依靠

不良格局： 打開格局換取寬闊感受與視野，但卻會出現沙發無靠的情形。

破解手法： 在不影響使用機能下，針對書房格局，設計師調整建商原有隔間，改為半高牆，創造區而不隔的效果，設計手法使公領域視野開闊令人舒心，也巧妙化解風水疑慮。

圖片提供／寬象空間設計

書桌作背、書牆當景的客廳

不良格局：沙發無倚靠，易帶來不安定感。

破解手法：為成全更大視野，將公共區多處隔間取消，而空間越大其層次安排
則越見困難。為了讓各區域能有自己的定位，除了在天地建材上多加著墨以達
明確分區外，客廳沙發後端以書桌作靠山、書牆當景致，既有界定空間的效
果，同時也能增加沙發區的安定感。

圖片提供／森境設計

CASE 41 寬版沙發，提升客廳穩重感

不良格局：為營造寬闊視野，必須得捨棄隔牆，但便會有沙發無靠牆的疑慮。

破解手法：屋主希望空間的開闊度與視野越寬越好，但考量實際機能需求，加上客廳與餐廳的分區界線，特別將客廳沙發賦予機能性設計，加寬的椅背轉化為置物檯面，下方則可收納物品書籍，也可增加沙發座區的穩重度。

圖片提供／森境設計

CASE 42 梁柱變身讓沙發有靠牆

不良格局：客廳沙發本無靠且有大梁橫跨。

破解手法：設計師將極寬的樑柱輔以木質牆面，讓空間更具整體性，同時使沙發有靠。另外最具巧思之處，是透過沙發背牆的梁柱空間，間隔出具有隱密性的書房，空間得以被善用，同時避開煞氣，一舉兩得。

圖片提供／一水一木設計事業

CASE 43 文化石矮牆，踏實好有靠

不良格局：沙發背後無靠牆，意即「無依無靠」。

破解手法：女屋主希望整體空間開闊，卻又不希望視覺上顯得雜亂，設計師使用略高於沙發的低背文化石牆，透過文化石強化厚重、踏實感與靠得穩，化解煞型，同時也讓空間上做出了區隔。

圖片提供／浩室設計

CASE 44 低調設計換取無敵海景

不良格局：不破壞景致，同時又要讓沙發有所倚靠。

破解手法：在香港維多利亞港灣旁的無敵海景面前，所有設計都只能退居配角地位、盡量低調，以突顯眼前這最迷人的海灣景致。為了界定客、餐廳雙區並滿足其收納與置物功能，設計師選擇一座俐落不搶戲的矮櫃在沙發後端蹲著，同時也讓沙發定位更顯安穩厚實。

圖片提供／森境設計

143

CASE 45 沙發靠矮牆，多出閱讀區

不良格局：梁的位置牽動沙發的擺放，同時又要克服梁壓迫以及沙發無靠牆的問題。

破解手法：客廳中有一個大梁，為了避免沙發正對著屋梁下方，造成壓迫的不良風水，將沙發往前擺放，並在後方做一個閱讀區；同時為了又要做到讓沙發能夠靠牆，穩固氣場靠山，沐果室內設計規劃了一面矮牆，既讓沙發有靠，又做出簡單的開放式隔間。

圖片提供／沐果室內設計

CASE 46 風水魚缸，增加生氣又招財

不良格局：從玄關進入客廳處為家中財位，希望能透過設計增添財運。

破解手法：設計師將風水魚缸運用嵌入式的概念包覆整體，下櫃收納、上櫃則將馬達、插座管線隱匿，視覺上非常乾淨。櫃內還置入抽風設備，避免濕氣，將大自然的氛圍融入居家，不止為屋主帶來穩定的心靈，同時還有開運招財的功效。

圖片提供／浩室設計

CASE 47 創意放大空間，化解不良風水

不良格局：原始格局房門對房門，是風水的對門煞禁忌，家人感情容易不睦。

破解手法：設計師在做整體規劃時發現隔間太多，空間顯得零碎狹小，因此將格局重新規劃，把原本與客、餐廳平行的房間改作開放設計的多功能閱讀區，刪掉一房隔間，只保留主臥與一間客房。另外，將二房間交接處的客浴與主臥浴室外牆做打斜設計，巧妙地為主臥爭取一處儲藏室空間，也化掉原本門對門的煞氣格局。

圖片提供／禾光室內裝修設計有限公司

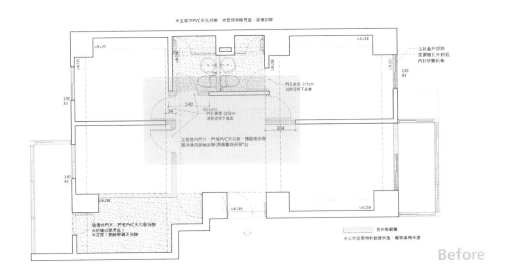

Before

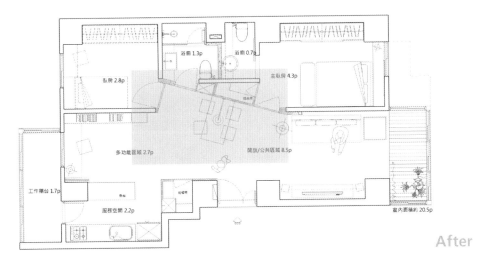

After

圖片提供／禾光室內裝修設計有限公司

CASE 48 隱藏門片，遮蔽廁所

不良格局：一般人對廁所空間觀感不佳，因此做隱藏門效果抒緩不適感。

破解手法：風水有很多流派，屬於科學風水的說法是居住者住起來舒適的，就是好風水。屋主因為不喜歡在客廳內看到廁所門，因此客廳內所有的門片都做隱藏設計，空間在視覺上看起來也比較整齊，且心裡頭也舒服了。

圖片提供／奇逸空間設計

CASE 49 入口設計玄關避免門見門

不良格局：一入門口即見落地窗，這樣門見門的穿堂煞，在風水格局上易造成漏財、性格急躁易與人生口角，甚至影響身體健康。

破解手法：這棟樓中樓每層樓約 20 坪，設計師為了破解一開門即見落地窗的穿堂煞氣，於入口處做了個雙面櫃，簡單的隔間不僅化解了風水禁忌，也讓進門後有了緩衝的空間可以穿拖鞋並調整室內的氣場。

圖片提供／禾光室內裝修設計有限公司

PART 2 餐廚篇

餐廚常見風水禁忌：門對門

CASE 50 隱藏門片調整口舌煞

不良格局：廚房門側對浴室門，氣味交互發散，將影響家人健康，尤其馬桶直沖廚房更被視被大忌。

破解手法：面對廚房對廁所的風水大忌，在設計上運用門片的變化手法將浴室隱藏，以與牆面相同的石材貼覆門片，讓門對門的煞氣消失於無形，並讓空間調性更為一致。

圖片提供／FUGE GROUP 馥閣設計集團

不良格局： 此為開放式的餐廚，有財氣外露、面門的問題。

破解手法： 餐廚在陽宅風水中象徵財位，而開放式的餐廚區域無疑有財氣外露的風險，煮食核心區域不宜面對門、窗。此案中島高於料理平台，形成內外最佳屏障，餐桌和吧檯以檯面的連續轉折，營造動態美感，不僅具生活品味，無形中也化解撞門煞氣，更重要的是讓煮食多了隱蔽性與安全感。

圖片提供／奇逸空間設計

餐廚常見風水禁忌：開門見灶

CASE 52 抬高吧檯高度就不會直視爐火

不良格局：坪數較小，廚房無法有獨立空間，放大空間後卻出現開門見灶問題。

破解手法：在流行開放式空間，尤其是小坪數必須藉此放大空間感，因此造成容易出現開門見灶的不良風水。為了延續開放式空間的規劃，同時避免開門見灶的問題，設計師將吧檯高度提高，多了這道防線，就破解了不良風水。

圖片提供／禾捷室內裝修／禾創設計

CASE 53 屏風遮蔽，界線分明

不良格局：原本開放式餐廳區在臨窗處遇有大梁矗立，加上餐桌局部對到大門，形成用餐空間的不安定氛圍。

破解手法：設計者將大梁以流線造型作設計，避免梁與天花板之間的落差形成銳利角度，並搭配曲線與材質變化做出現代造型感。並在餐桌右區與大門之間以不等寬的兩扇白色屏風做區隔遮蔽。遮蔽的屏風間留有穿透視線，亦能增加空間的互動性與順暢交流。無形中也化解撞門煞氣，更重要的是讓煮食多了隱蔽性與安全感。

圖片提供／森境設計

CASE 54 活動滑門阻絕廚房油煙且化風水禁忌

不良格局：一進門即見爐灶，等於把財庫全看光了。

破解手法：半開放式的客餐廳區，以活動灰玻拉門作區隔，反射的鏡面設計使視覺更具遼闊感，並可作為餐廳屏風，阻擋一入門就看到廚房的開門見灶的風水煞氣，活動隔間的設計也能阻擋油煙四溢家中角落。

圖片提供／築青室內裝修有限公司

擺設冰箱阻煞氣一舉數得

不良格局：將室內格局採開放式設計重新規劃，卻有開門見灶的問題出現。

破解手法：設計師為了使空間格局更為開闊而採開放式設計，但卻因此減少了玄關空間並且一進門就看到瓦斯爐，因此設計師運用在其中擺設冰箱，阻卻開門見灶的問題，並為門口做出了玄關場域，一舉兩得。

圖片提供／明代室內設計

CASE 56 玄關櫃讓居家開門不見灶

不良格局：因原本格局過於通透，大門進入直接就能看到廚房區爐灶，犯了風水忌諱。

破解手法：利用鐵件與木作雙面格櫃區隔開玄關與廚房餐廳區。一方面遮擋及解決開門見灶的疑慮同時也創造虛實相間的雙向互動空間。雙面的虛實造型櫃同時做到展示及收納的功能，局部鏤空的設計還能連結玄關、餐廳及客廳。

圖片提供／曾建豪建築師事務所

CASE 57 餐廚拉門化解開門見灶

不良格局：因為開放式餐廚設計，大門一進來即見瓦斯爐灶，廚房因象徵一家的財庫，風水上非常忌諱一開門就見到廚房或是爐灶，代表漏財的格局。

破解手法：本案因為坪數的限制加上公共場域的開放式設計，令大門與瓦斯爐灶相對。於是設計師在廚房的位置做上一道拉門，一方面可在料理時阻擋油煙，一方面也是避開風水上的禁忌。

圖片提供／里歐室內設計

CASE 58 多功能餐櫃吧檯滿足機能與風水

不良格局：原本為獨立廚房的封閉格局，因應屋主需求打造開放式廚房，卻會有爐灶外露的憂慮。

破解手法：在客餐廳與廚房之間加設半高櫃，除了增加收納也具有吧檯的功能。一方面以半高櫃遮擋見爐灶的視覺禁忌，也讓餐廳區的餐桌有個可以倚靠的元素。半開放的廚房解決屋主介意的見灶問題，並兼顧機能與造型需求。

圖片提供／曾建豪建築師事務所

CASE 59 風格感穀倉木門捍衛家中財庫

不良格局：從玄關進屋後，直接看到廚房，出現傷財煞。

破解手法：廚房是居家的財庫，風水上應避免外露，呼應空間的 LOFT 基調，以穀倉木門為廚房做遮掩，運用經典工業元素豐富空間表情。彈性開放的設計亦方便屋主進出使用廚房時的便利，誰說風格與風水不能同時兼顧呢？

圖片提供／浩室設計

CASE 60 半開放廚房防止財庫外露

不良格局：廚房位置遮住居家唯一光源，而穿透式的廚房又正對門口，有財富失散的顧慮。

破解手法：在設計師接手設計之前，房子的臥房、廚房、客廳等主要區塊屋主就已事先請風水師傅設定好其方位，但廚房的位置正好擋在房子的單面採光之前，為了讓獨立廚房遮擋陽光，改以半獨立式規劃，加上玻璃磚的運用，好讓光線能透入客廳，同時為避免開門見爐灶，而把爐灶安排在實牆後方。

圖片提供／杰瑪設計

CASE 61 機能收納櫃，解決開門見灶

不良格局：公共空間採取全開放式的設計，入門 處原有開門見灶的隱憂。

破解手法：設計師利用頂天的機能性收納櫃，順著大梁將餐廚空間與大門做出自然的區隔，包覆了電箱又增加了大量的收納空間，解決開門見灶的疑慮。

圖片提供／一水一木設計事業

CASE 62 特製門片遮灶，化煞有平安

不良格局：爐灶對著開放式廚房的開口與走道，形成撞門煞。

破解手法：由於無法轉向或調整灶位，也無法配置中島或吧檯，只能在入口設門來遮擋。設計團隊規劃懸吊式橫拉門可避免撞到一旁冰箱，也不會有地軌絆腳；門片鑲嵌寬 18 公分灰玻璃，半穿透材質遮蔽廚房情景，靠近時可察覺門片另一端是否有人，避免出入時彼此衝撞。

圖片提供／南邑室內設計事務所

CASE 63 廚房打造絕佳海景視野，舒適且寬心

不良格局：廚房隔間打開的同時，需特別考量直視廚房內爐灶與顯亂的問題。

破解手法：為讓全球知名的香港維多利亞港灣美景一覽無遺，森境設計除了將客、餐廳作開放格局規劃外，將廚房隔間也一併打開，改以中島吧檯取代；但一般人顧忌的爐灶外露問題，所以事先規劃在吧檯側翼，搭配短牆遮蔽且可降低雜亂感受。

圖片提供／森境設計

餐廚常見風水禁忌：開門見灶

CASE 64 黑玻廚房門，質感工業風

不良格局：因格局關係，本案有開門見灶的風水禁忌。

破解手法：設計師運用黑色玻璃門，平時關起可化解煞型，但空間上卻可保持通透感又與整體風格保持一致。右邊木質櫃，上為收納、下為鞋櫃，中段則是高低差的展示空間，保留層次感。

圖片提供／浩室設計

CASE 65 爐火水槽與冰箱化敵為友

不良格局：在空間受限的封閉式廚房中，原本水火相鄰且瓦斯爐靠窗，形成相當凶險的格局。

破解手法：原本這裡屬於較為簡陋的一字型廚房平台，且窗戶處即是爐火，對著窗易讓爐火燃燒不穩，無論科學角度或是風水學理，都是不佳格局，設計師特別將其移位，並以回字型增加廚房工作平台機能，純白的空間當窗戶日光灑進，在這裡下廚別有一番小家庭的幸福感。

圖片提供／金岱室內裝修

165

餐廚常見風水禁忌：爐灶、水槽相鄰

CASE 66 幸福直角化解口舌煞氣

不良格局：廚具的配置水火相鄰，瓦斯爐的火氣與水槽的水氣相沖。

破解手法：設計師在重新配置廚具時將水槽與瓦斯爐以直角方式避開，此外餐廚具設計時，火爐也不可面對水槽、冰箱，或是緊鄰水槽，最好在兩者間留工作台作緩衝。瓦斯爐也不宜置於水塔下方，因為水會滅火，象徵不能聚財。

圖片提供／FUGE GROUP 馥閣設計集團

CASE 67 水火保持距離健康滿分

不良格局：原本爐具與水龍頭相連，廚房在風水學上，掌管全家人的身體健康，影響女主人懷孕、小孩發育情形，應讓水、火和平共存，避開衝突。

破解手法：在廚房的風水學上，廚房最重要的位置是瓦斯爐，攸關全家安全，瓦斯爐應避免與水龍頭相對、水槽相鄰，與水龍頭應有 30 公分以上距離。因此設計師在做整個廚具規劃時，將水槽與爐火錯開，並考慮到動線活動，將冰箱設置在水槽對面，使用便利。

圖片提供／FUGE GROUP 馥閣設計集團

餐廚常見風水禁忌：梁壓煞

CASE 68 梯形大梁幻化視覺焦點

不良格局：原本餐廳區上方有著梯型大梁，讓人用餐時感到十分壓迫。

破解手法：因為餐桌上有著梯形大梁，讓人用餐時有著強大的壓迫感，在外在格局無法調動的情況下，設計師先將大梁包覆後運用其梯形做大片的格柵造型，不僅解決大梁的視覺壓迫感，也令空間更有風格與設計感。

圖片提供／里歐室內設計

CASE 69 現代風吊燈，弱化大梁壓力

不良格局：餐廚中島連接著餐桌，是小家庭一同煮食分享的公共區域，然而屋內大樑垂直切入，形成風水學中的梁壓煞。

破解手法：設計師以現代極簡風格的吊燈高低錯落於下，弱化了天花板上突出的大梁，後方則以鐵件陳列架與梁緊密結合，無形消弭了梁下沉重壓力。此外，高低錯落的吊燈一字排開，不規則的隨興氛圍，也與和樂融融的居家氣氛相呼應。

圖片提供／明代室內設計

餐廚常見風水禁忌：空間侷促

CASE 70 挑高空間，增進居家採光

不良格局：原本為非開放式空間，廚房位置顯得陰暗。

破解手法：採光對居家風水來說是重要的。這個案子前身是農舍，室內有隔間，因為客廳面向西邊，廚房面向東邊，座東朝西的方位符合古早諺語說的「座東朝西，賺錢無人知」，代表財源廣進的座向。

圖片提供／奇逸空間設計

CASE 71 美好動線，生活加分

不良格局：廚房空間狹小，置身其中容易感到壓迫焦慮。

破解手法：廚房不只是個下廚的空間，在風水上還象徵著財庫。這個案例的廚房正好位處客廳和臥房中間，空間較狹隘，因此設計師讓吧檯結合餐桌，一字型排法節省空間，視覺看起來也有延伸感。

圖片提供／禾捷室內裝修／禾創設計

PART 3 臥房篇

臥房常見風水禁忌：開門見床

CASE 72 彈性拉門擋掉煞氣，又不壓縮空間

不良格局：臥房裡有廁所門沖床的風水困擾。

破解手法：設計師考量床區有廁所門沖床的問題，設計師便將廁所門規劃為彈性拉門，解決廁所沖床的風水顧忌，拉門最大特色是，需要使用時再開啟，既不用擔心壓縮空間，也能維持立面的乾淨性。

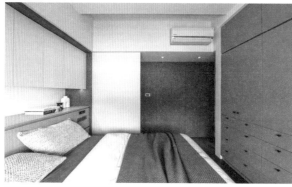

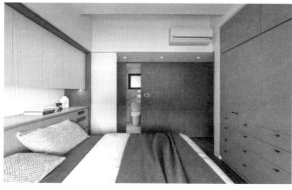

圖片提供／沐果室內設計

隱藏門片阻絕開門見床煞

不良格局：衛浴正對床，對於居住者健康有不良影響。

破解手法：設計師運用隱蔽手法，將衛浴藏於牆面之後，有效化解煞型；這道牆設計師精心融入多樣的異材質工藝，包含米灰色烤漆、石紋壁板、幾何圖形壁紙、隱含金絲織紋繡布，以及金色鍍鈦等，平時通過後關起，讓主臥視覺顯得乾淨和人文質感。

圖片提供／哲苑室內設計 W. Studio Interiors

CASE 74 隱形門隔阻沖床煞氣

不良格局：看似寧靜的臥房空間，床邊浴廁所形成的煞氣正悄悄影響著睡眠與生活。

破解手法：設計師將整片牆面予以重新設計，以白色凹凸的立體線條點綴立面，並將廁門融於其中，原有的沖床煞氣得以破解，而床頭處亦將樑下空間填滿，保留平台，作為收納櫃之用，聰明轉化環境中重要的煞氣。

圖片提供／浩室設計

CASE 75 半透明拉門當作隔間

不良格局：因獨立套房空間造成臥房出現壁刀煞問題。

破解手法：小套房常常因為坪效運用，所以不做太多、太大的實體牆，以求通風與開放式格局，這間臥房與廚房相通的格局，牆面結束正對床鋪中央，產生「壁刀煞」，設計師用半透明拉門將臥房與廚房的隔間延伸至床腳，成功破解了煞型。

圖片提供／綺寓空間設計

CASE 76 破解對門煞房間加倍大

不良格局：家中房門相對，口角是非多，尤其是長輩房門對到小孩房門，小孩主觀意識會比較強。

破解手法：設計師考慮到家中成員的使用需求，將格局重劃，原本客廳位置變為主臥房，而房門相對的房間，一間改為與主臥相連的更衣室，不僅空間變大，也化解平時門對門的忌諱。

Before

After

圖片提供／明代室內設計

CASE77 以無框門片，化解對門煞

不良格局： 在狹長的廊道上，主臥對客房、房門對房門，對於風水學來説屬於對門煞，家中容易有口舌是非。

破解手法： 因為走廊本來已經十分狹窄，再加上屋主不希望大興土木調整格局，因此設計師運用隱藏式門框設計，使牆面完整，讓房門化於無形，也化解了這樣的風水煞氣。而在設計方面，設計師運用淡木色的地板與白色牆面，使得空間視感擴大，廊道盡頭的一幅畫更是成為視覺焦點。

圖片提供／禾光室內裝修設計有限公司

臥房常見風水禁忌：開門見鏡

CASE 78 滑軌鏡聰明化解風水禁忌

不良格局：一進門到底即為梳妝檯，形成開門見鏡的風水問題。

破解手法：此為臥房一進門後的一個長型走道，因為其深度夠，並配合浴室與衣櫃的動線，設置了梳妝檯並形成更衣空間，但一進門到底即為梳妝檯，形成開門見鏡的忌諱，設計師將鏡子做成滑軌式，藏於衣櫃旁將風水禁忌漂亮化解。而淺色木作與地板互相呼應，也讓視覺更為一致。

圖片提供／FUGE GROUP 馥閣設計集團

CASE 79 梁下櫃做好做滿，化煞增好運

不良格局：床頭上方有梁，睡眠不安穩也易形成壓床煞氣。

破解手法：梁象徵壓力，而床是人休息之處，強調安穩，於是設計師先將主臥原來的床頭位置轉向，並把床頭上方的空間做滿收納，其櫃體厚度對應上方梁的深度，消抵了梁所造成的壓力。

圖片提供／沐果室內設計

CASE 80 無限延伸的好眠視角

不良格局：床頭上方的大梁就算床位挪移，平躺時仍難免感受梁下壓力，易讓人難有好的睡眠品質。

破解手法：設計者嘗試將自床頭板向上延伸，以一道弧形轉折修飾天花與橫梁，強化區域的存在感，也建構出一個具個性化的空間。這不僅化解銳利的壁刀煞氛圍，柔和低照射的間接燈光，創造了優質的睡臥空間。立面床頭牆以流線造型轉折至頂的同時，再藉由床頭、天花獨特的打光的方式，成功提亮整個空間。

圖片提供／奇逸空間設計

CASE81 俐落造型牆消弭風水隱憂

不良格局：床頭上方原有大梁橫跨，形成陽宅風水學中的忌諱。

破解手法：設計師以斜切造型牆修弭大梁的高低落差，再用間接照明增添房內柔和光線，並搭配深灰床頭櫃與懸吊櫃，展現沉穩立面線條之美，也使梁壓隱憂完全化解，更顯臥房中的簡樸自然。

圖片提供／明代室內設計

CASE82 斜面牆化解壓床煞氣

不良格局： 在房間的天花有梁柱，容易形成壓床煞氣，在休息時易感到壓迫並影響睡眠品質。

破解手法： 關於天花有梁柱，一般在設計時皆會採用包覆的方式來處理，但本案設計師考慮 包覆梁柱會造成天花過低亦是讓空間狹隘有壓迫，因此採用斜面牆的方式處理，並利用其厚度做床頭展示空間，而鋪上較其它牆面深色的壁紙，讓視覺上感受不到傾斜角度。

圖片提供／明代室內設計

CASE83 收納櫃刻意留白賦予舒適機能

不良格局：床頭上方有樑，造成床頭壓梁的禁忌。

破解手法：將床頭後挪避開橫梁，並在梁下規劃上下收納櫃，上吊櫃與下方的上掀櫃替臥房增加許多收納空間，也解決了頭部壓梁的問題，上方吊櫃與梁之間刻意留縫作為間接燈光溝，強化室內的光線照度。

圖片提供／曾建豪建築師事務所

CASE84 利用木條平台遮掩梁柱

不良格局：床頭上方原本有樑柱，怕睡起來感到壓迫。

破解手法：人一生有 1/3 的時間都是在床鋪上度過，足以可見臥房風水的重要性。最容易遇到的問題就是床頭有梁柱，設計師於是利用木條在床頭規劃了一道收納小平台，下方則是收納空間，兼具了收納、裝飾效果。

圖片提供／禾捷室內裝修／禾創設計

CASE85 化解房內大梁又展示簡約

不良格局：主臥房內頭頂與側面有大梁，是為壓梁煞，容易使居住其中的人產生病痛。

破解手法：一般床上有梁甚或是房內有大梁，皆是大家常注意的風水禁忌，從科學的角度上則是容易產生壓迫造成居住其中者的心理壓力，因此設計師於床頭位置延伸梁柱而下形成床頭櫃，並運用間接照明展示設計，而側邊梁為了避免視覺肥胖感不做傳統倒圓，切 45 度角延續天花令房間呈現簡潔感受。

圖片提供／里歐室內設計

185

CASE86 梁下聰明運用，滿足生活需求

不良格局：房間梁柱橫生容易令人產生壓迫，噩夢連連，但受限於空間有限往往難以化解。

破解手法：房間四周有梁柱，因此設計師在裝潢時，將床頭增厚，設置展示空間，而側邊柱體下方則為層架與收納櫃，另外設計師也將木板墊高，下方以拉式抽屜增加收納，這些不僅調整風水禁忌也讓房內機能倍增。

圖片提供／禾光室內裝修設計有限公司

機能性床頭櫃，化煞且好用

不良格局：本案床頭有大梁且屋主有大量收納的需求，喜歡家中看起來整潔無雜物。

破解手法：設計師於梁下訂製深達 45 公分的床頭收納，化解煞氣；床頭收納由於深度非常足夠，分成可以自行調整高度的層架作為上櫃，另外，上掀式的下櫃，則預作為大型枕被、換季衣物的暫存空間。

圖片提供／一水一木設計事業

CASE88 用光線營造滿室溫暖

不良格局：床頭上方有梁，無形壓力夢中來。

破解手法：為了創造舒適安逸的睡眠環境，設計師運用收納櫃填滿梁下空間，中間段的挖空造型賦予櫃體變化，也提供置物平台，自然原木色澤與溫潤的木地板彼此呼應，搭配輕柔的燈光營造溫潤平靜的臥房氛圍。

圖片提供／浩室設計

床頭做收納櫃，順勢避開梁柱

不良格局：床頭上方的位置剛剛好對到梁柱，睡在樑下在風水上是不妥的。

破解手法：梁柱在風水上象徵一把刀，如果睡在刀下，意味著容易遭遇危險或心神不寧。因此設計師在床頭的地方設計了收納櫃，增加收納空間之外，也巧妙避開了睡在梁下的不舒適感。

圖片提供／禾捷室內裝修／禾創設計

臥房常見風水禁忌：開門見床

CASE 90 適當緩衝，睡得更安心

不良格局：原本房間的設計難脫離開門見床煞，床正對房門，會令人做惡夢、失眠或睡的不好，時間一長，則容易精神衰弱。

破解手法：入口處設計小玄關作為緩衝，因為傳統的開門見床煞氣在現在科學也可解釋為門為進出之口，經常會有人來來往往，當床對著門時，潛意識裡會提高警覺，以防止有人進入房內，這是一種本能的自我保護，睡眠受到思慮干擾，就容易多夢或睡的不好。這樣多了個玄關可做緩衝保持房內平穩氣場。

圖片提供／明代室內設計

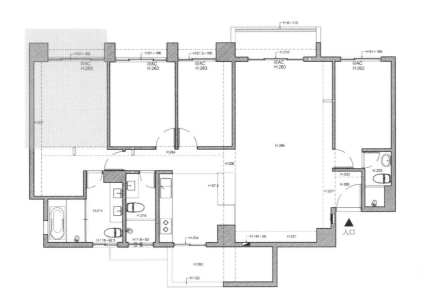

Before

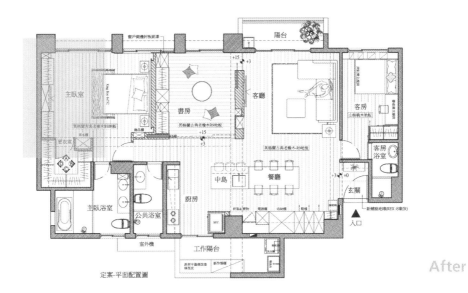

定案-平面配置圖

After

圖片提供／明代室內設計

PART 4 衛浴篇

衛浴常見風水禁忌：陰濕煞

CASE91 大面窗有助維持乾燥、設大浴缸招財好風水

不良格局：浴廁空間雖大，但光照不足也顯得室內陰暗潮濕。

破解手法：衛浴風水其實很具有重要性，只是一般人時常忽略。浴缸位置最好不要相鄰馬桶，然後浴缸擺放在窗邊，象徵好財位。因為衛浴一向是容易囤積穢氣的地方，如果有充足採光和良好動線安排，就能把缺點轉為優點，可以透過引進採光改善屋內穢氣。

圖片提供／禾捷室內裝修／禾創設計

CASE92 清爽明亮刷新浴廁印象

不良格局：浴廁空間狹小潮濕且過於陰暗。

破解手法：浴廁是一家人每天進出頻率最多的地方，若能舒服的待在此處，也能讓一天更有元氣，設計師選用石材搭配白色磁磚，在視覺上最無負擔，嵌燈恰到好處的讓整體環境光線柔和充足，百葉窗通風機能讓再多煞氣穢氣都能隨風而逝。

圖片提供／南邑室內設計事務所

衛浴常見風水禁忌：門對門

CASE 93 廁所門隱於壁面，化解穢氣

不良格局：原格局廁所的門與大門相對，造成穢氣相沖。

破解手法：利用清水模的材料做為暗門的基材，讓廁門隱藏於壁面空間中，純粹的清水模素材彷彿淨化入門視覺，刻意在留白處規劃休憩空間，入門的端景形成一幅靜心的畫面，成功消弭浴廁的存在。

圖片提供／曾建豪建築師事務所

CASE 94 衛浴植入隱藏門，使用變多元

不良格局： 本案入門見廁，穢氣直衝，容易讓家運衰敗。

破解手法： 設計師巧妙地將公用廁所與臥房外加上一整片牆面，牆面另植入一道隱藏門。有客來訪時作為公用廁所，關起來時，就變為獨立衛浴套房，不止化解煞型，生活使用機能更多元。

圖片提供／浩室設計

CASE 95 從隔間解決隱私等問題

不良格局：全屋一目瞭然且大門直沖浴缸。

破解手法：因面積不敷使用而加設空間，隔間也換了材質，藉此化解入室即見衛浴間的忌諱。衛浴位置不變，僅將透明玻璃落地窗改成木作的雙面櫃與顆粒直徑 8 公釐的噴砂灰玻門片、門框貼防水抗潮的灰色岩片，遮住了浴缸，空間的機能與質感也大幅提升。

圖片提供／南邑室內設計事務所

櫃子嵌魚缸，遮蔽廁所門

不良格局：原格局入門見廁，另也希望能透過設計招來財運。

破解手法：一進門就能看到廁所門，就如同家中隱私被外人看光光，是風水上所謂的「入門煞－入門見廁」，設計師巧妙運用電視矮櫃櫃體延伸做了一個頂天的櫃子，不僅擋掉進門看見廁所門的視線，櫃子放上魚缸也有招財的作用。

圖片提供／綺寓空間設計

衛浴常見風水禁忌：浴缸外露煞

CASE 97 若隱若現的軟隔間之美

不良格局：想好好享受個人沐浴時光，卻又擔心浴缸外露問題。

破解手法：主臥是極私密空間，房內設計可以完全依照個人的偏好與生活軌跡來安排。因此，依循屋主期待將浴缸放在臥床邊，讓洗浴時光不再只能面壁，大大地解放束縛感。而考量格局層次感採用了軟簾與柱狀隔屏作遮蔽，也化解浴缸外露的問題。

圖片提供／森境設計

CASE 98 跳色素磚創造沉穩衛浴風水

不良格局：如果衛浴過於花俏，會有桃花煞的困擾。

破解手法：北歐風格的家中常是有著繽紛色彩，當然來到衛浴也是不例外，擔心另一半桃花過旺的屋主想要有主題風格，但又擔心磁磚太花，可以設計造型鏡面帶出空間主題，搭配有顏色的素磚穩定衛浴風水，衛浴也能很有趣。

圖片提供／禾光室內裝修設計有限公司

其他空間常見風水禁忌：神明廳位置

CASE99 回字動線巧妙化解風水疑慮

不良格局：原始祖先桌有阻礙客廳空間的狀況。

破解手法：為了不讓祖先桌不影響其他空間且能融入到其中，首先設計師以回字型設計規劃玄關，接著再依序將半開放式收納、祖先桌置入，不僅建立起一套順暢動線，也將神明桌置於最合宜的位置，彼此都有不受干擾的空間，也成功克服風水疑慮。

圖片提供／大序合意設計

CASE100 前陽台讓前途一片光明，工作運加分

不良格局：前陽台代表者屋主的未來前途，本案無前陽台。

破解手法：設計師透過木材質加高形成檯面，色系與地板屬性相當，因此空間整體感不相違和；融合窗戶、陽光、植栽與休閒區等元素，創造出室內陽台的感覺，象徵著屋主前途一片光明、舒適。

圖片提供／浩室設計

其他空間常見風水禁忌：穿心煞

CASE101 順勢而為，用穿心梁隔出空間

不良格局：空間之間有一道梁橫跨客廳，形成穿心煞。

破解手法：原屋格局中有一大片客廳場域，但在客廳 1/3 處有大梁橫跨空間，凌厲的銳角穿心而過，屬於容易為家人帶來災厄、疾病的風水，設計師運用此一大梁隔出書房空間，刻意不做滿保持視覺舒服，也讓室內空間的運用更精實。

圖片提供／于人設計

CASE102 避開迴風煞，保留空間彈性

不良格局：由於孩子年紀較小，屋主希望能夠掌握孩子日間的動態，同時保持家中公共領域的通透。

破解手法：礙於通透格局所形成的迴風煞，一水一木設計事業團隊保留了雙邊拉門，一面置於書桌左側、一面藏於牆面之中，關閉時能避開迴風之煞，讓房內更添安定運勢。

圖片提供／一水一木設計事業

附錄
專業諮詢風水命理專家、設計公司

風水命理專家

孫建騏／

身兼陽宅風水師與室內設計師，從小就喜歡接觸五術、命理、風水。和一般風水大師不同，他的堪輿風水、陽宅布局，不僅是由古書中學得，同時摻入現代的科學原理，去蕪存菁。不但要知其然，更求知其所以然。著作《裝潢好風水》、《圖解居家風水完全通》、《圖解好宅風水完全通【暢銷更新版】》等書。

簡少年／

自小展現對玄學命理的高度天分，20歲時拜入台灣著名紫微斗數占驗派門下進修紫微命理，成為實戰派命理師。2015年成立以大數據科技與AI為願景所發展的科技新創公司——桃桃喜（Taotaoxi），以傳統文化、桃花運勢占卜為特色，服務用戶需求為核心。www.taotaoxi.net/estimators

設計公司

設計公司／FUGE GROUP 馥閣設計集團
電話／ 02-2325-5019

設計公司／禾光室內裝修設計有限公司
電話／ 02-2745-5186

設計公司／一水一木設計事業
電話／ 03-550-0122

設計公司／禾捷室內裝修／禾創設計
電話／ 02-2377-7559

設計公司／于人設計
電話／ 0936-134-943

設計公司／成境設計
電話／ 02-2552-9600

設計公司／大序合意設計
電話／ 02-2642-8988

設計公司／沐果室內設計
電話／ 02-2624-2950

設計公司／南邑室內設計事務所
電話／03-667-6285

設計公司／里歐室內設計
電話／02-8502-7606

設計公司／金岱室內裝修
電話／02-2503-2490

設計公司／明代室內設計
電話／02-2578-8730

設計公司／奇逸空間設計
電話／02-2755-7255

設計公司／杰瑪設計
電話／02-2717-5669

設計公司／浩室設計
電話／03-358-1067

設計公司／哲苑室內設計 W. Studio Interiors
電話／04-2386-0307

設計公司／森境設計
電話／02-2391-6888

設計公司／曾建豪建築師事務所
電話／0988-078-972

設計公司／構設計
電話／02-8913-7522

設計公司／寬象空間設計
電話／02-2631-2267

設計公司／綺寓空間設計
電話／02-8780-3059

設計公司／築青室內裝修有限公司
電話／04-2251-0303

設計公司／藝念集私空間設計
電話／02-2557-5553

SOLUTION 162

居家風水一本通：
掌握旺宅風水用設計化解雷區，趨吉避凶好運跟著來

作　　者｜ i 室設圈｜漂亮家居編輯部
責任編輯｜余佩樺
美術設計｜莊佳芳
採訪編輯｜ Aria、Acme

發 行 人｜何飛鵬
總 經 理｜李淑霞
社　　長｜林孟葦
總 編 輯｜張麗寶
內容總監｜楊宜倩
叢書主編｜許嘉芬
編輯助理｜劉婕柔

出　　版｜城邦文化事業股份有限公司 麥浩斯出版
地　　址｜ 115 台北市南港區昆陽街 16 號 7 樓
電　　話｜（02）2500-7578
E-mail　｜ cs@myhomelife.com.tw

發　　行｜英屬蓋曼群島商家庭傳媒股份有限公司城邦分公司
地　　址｜ 115 台北市南港區昆陽街 16 號 5 樓
讀者服務專線｜ 0800-020-299（週一至週五 AM09：30 ～ 12:00；PM01：30 ～ PM05：00）
讀者服務傳真｜ 02-2517-0999
E-mail　｜ service@cite.com.tw
劃撥帳號｜ 1983-3516
劃撥戶名｜英屬蓋曼群島商家庭傳媒股份有限公司城邦分公司

香港發行｜城邦（香港）出版集團有限公司
地　　址｜香港九龍土瓜灣土瓜灣道 86 號順聯工業大廈 6 樓 A 室
電　　話｜ 852-2508-6231
傳　　真｜ 852-2578-9337

馬新發行｜城邦 (馬新) 出版集團 Cite (M) Sdn Bhd
地　　址｜ 41, Jalan Radin Anum, Bandar Baru Sri Petaling,
　　　　　 57000 Kuala Lumpur, Malaysia.
電　　話｜ 603-9057-8822
傳　　真｜ 603-9057-6622

總 經 銷｜聯合發行股份有限公司
電　　話｜（02）2917-8022
傳　　真｜（02）2915-6275
製版印刷｜凱林彩印股份有限公司
版　　次｜ 2024 年 3 月初版一刷
定　　價｜新台幣 499 元
Printed in Taiwan 著作權所有‧翻印必究（缺頁或破損請寄回更換）

國家圖書館出版品預行編目 (CIP) 資料

居家風水一本通：掌握旺宅風水用設計化解雷區，
趨吉避凶好運跟著來 i 室設圈｜漂亮家居編輯部作 .
-- 初版 . -- 臺北市：城邦文化事業股份有限公司麥浩
斯出版：英屬蓋曼群島商家庭傳媒股份有限公司城邦
分公司發行 , 2024.03
　面；　公分 . -- (Solution ; 162)
ISBN 978-626-7401-36-1(平裝)

1.CST: 相宅

294.1　　　　　　　　　　　　　　113002024